*Vida e obra de
Manuel Antônio de Almeida*

Marques Rebelo

Vida e obra de Manuel Antônio de Almeida

Apresentação de Carlos Heitor Cony

3ª edição

Rio de Janeiro, 2012

© José Maria Dias da Cruz e Maria Cecília Dias da Cruz

Reservam-se os direitos desta edição à
EDITORA JOSÉ OLYMPIO LTDA.
Rua Argentina, 171 – 2º andar – São Cristóvão
20921-380 - Rio de Janeiro, RJ – República Federativa do Brasil
Tel.: (21) 2585-2060
Printed in Brazil / Impresso no Brasil

Atendimento direto ao leitor:
mdireto@record.com.br
Tel.: (21) 2585-2002

ISBN 978-85-03-01110-5

Capa: Hybris Design / Isabella Perrotta

Texto revisado segundo o novo Acordo Ortográfico da Língua Portuguesa.

CIP-BRASIL. CATALOGAÇÃO NA FONTE
SINDICATO NACIONAL DOS EDITORES DE LIVROS, RJ

	Rebelo, Marques, 1907-1973
R234v	Vida e obra de Manuel Antônio de Almeida / Marques Rebelo;
3ª ed.	[apresentação de Carlos Heitor Cony]. – 3ª ed. – Rio de Janeiro:
	José Olympio, 2012.
	19 cm (Sabor literário)

ISBN 978-85-03-01110-5

1. Almeida, Manual Antônio de, 1831-1861. 2. Escritores brasileiros
– Biografia. I. Cony, Carlos Heitor, 1926-. II. Título. III. Série.

	CDD: 928.699
12-6671	CDU: 929:821.134.3(81)

"No meio do caminho tinha uma pedra."
Carlos Drummond de Andrade, *Alguma poesia*

SUMÁRIO

Apresentação: Manuel Antônio de Almeida   9

Vida e obra de Manuel Antônio de Almeida   21

APRESENTAÇÃO

MANUEL ANTÔNIO DE ALMEIDA

Dentre os lugares-comuns da crítica, o mais inarredável é a pesquisa de influências que tornaram determinado autor cético ou crente, tal obra romântica ou realista. E como há lugar-comum dentro do lugar-comum, muitas verdades andam por aí firmadas numa solidez cômoda que se torna cada vez mais fácil para quem é crítico, ou mesmo para quem não o seja, provar, por exemplo, que Machado de Assis, tão influenciado por autores como Sterne, Fielding e Swift, foi também influenciado por um escritor nacional contemporâneo dele, que hoje desfruta de uma permanência sólida em nossa literatura.

Daqui a cem ou duzentos anos, talvez Machado receba revisões críticas, enquanto Manuel Antônio de Almeida será sempre a mesma coisa que hoje é: simplesmente o autor do primeiro livro realmente brasileiro.

O contato com *Memórias de um sargento de milícias* gera surpresa. Surpresa pela linguagem: a língua nacional, o português tal como é falado no Brasil, ganhou letra impressa e contou uma história. Surpresa pelo não romantismo. Contrastando com o aluvião de Peris, Cecis, viúvas, senhoras, cônegos, dom Rodrigos, negros, velhos, caboclos, doutores, bacharéis, tudo colorido pela palheta do romantismo, surgiu afinal o primeiro romance sem herói heroico, o primeiro anti-herói de nossa literatura.

Apareceram os primeiros tipos verdadeiros que delineariam a ficção nacional, tais como o padrinho (que Machado, José Lins do Rego, Jorge Amado e muitos outros copiaram e copiam ainda), a comadre, o Leonardo Pataca. Os heróis da safra romântica eram invariáveis no fundo e na forma: os bons, bons; os maus, maus; os belos, belos; as honestas, honestas. Manuel Antônio de Almeida evitou a banalidade dos modelos consagrados. Seus personagens são bons e maus ao mesmo tempo, velhacos e ingênuos na mesma proporção, o bem e o mal coexistindo em todos eles, pacificamente, sem gerar maiores conflitos que os do cotidiano de todos nós, donde podemos afirmar: nas *Memórias de um sargento de milícias* entrou o homem em nossa literatura.

Era feio, e em parte continua sendo feio até hoje, fazer-se a literatura com o homem, tal como o conhecemos na vida comum. Prefere-se uma sublimação do homem, essa mistura de açúcar e incenso que pode fazer a glória de muito escritor, mas jamais fará realmente um artista. Sob esse aspecto, pode-se dizer que o romance de Manuel Antônio de Almeida foi também o primeiro livro realista ou naturalista de nossa literatura. Nele, a humanidade não se encontra dividida pelo inexistente rubicão do bem e do mal. Não há rios que dividam isso. Não há herói nem vilão, há o Leonardo Pataca que deu um beliscão na camponesa infiel, foi pai, foi traído, reincidiu, sofreu, amou, gozou, morreu, nem homem nem mau, homem apenas.

Há o padrinho, ladrão de uma herança com a qual "arranjou-se" naquele fabuloso capítulo que é "O — arranjei-me — do compadre" que, apesar de ladrão, quer tornar o afilhado padre, amando-o, sobretudo e sobre todos, sacrificando-se por ele até o heroísmo, morrendo por ele. Há a comadre — e aí temos sem favor algum o maior tipo da ficção nacional, e basta.

Dos cinco ou sete mil tipos criados pela imaginação dos escritores brasileiros, nenhum deles excede, na perfeição das linhas, na substância ontológica, no apoio da realidade, essa figura que escorre pelo romance sem nome, que nunca foi chamada de Maria ou Francisca, apenas comadre: "Devemos prevenir o leitor que a causa em semelhantes mãos, se não se podia dizer decididamente ganha, pelo menos ficava arriscada; e o que vale é que do outro lado estava a comadre." Essa comadre, ao lado de Capitu, forma o que de melhor a pena de nossos romancistas fez em matéria de mulher.

Pioneiro de tantos tiques e modos da nossa literatura, Manuel Antônio de Almeida foi pioneiro ainda na paisagem urbana que surgiu definitivamente em nossa ficção. Dentre as tolices de nossa convenção literária está a do regionalismo do sertão. Se apareceu um livro em proporções épicas e da importância de *Grande sertão: veredas*, por outro lado temos uma enxurrada de pequenos e pequeníssimos sertões sem veredas ou mesmo com elas.

Foi Lima Barreto quem teve a coragem de denunciar o caboclo como a mais estúpida convenção de nossa literatura. Mas antes dele, antes de Machado de Assis, já Manuel Antônio de Almeida conseguia essa coisa quase impossível para nossa ficção: escrever uma história com princípio, meio e fim, cheia de incidentes, com quase 12 tipos de primeiro plano, sem nenhum caboclo, preto velho ou entidade afim.

Livro cheio de portugueses, esse primeiro romance realmente nacional. Nada daquele precursor do moderno nacionalismo que foi o indianismo, aquele mesmo indianismo que deu a Capistrano de Abreu a oportunidade de dizer:

> O indianismo, longe de ser planta exótica maltransplantada pelos românticos, tinha raízes fundas em nossa literatura. A idealização do índio correspondia perfeitamente ao sentimento nacional. É anterior ao romantismo e não desapareceu com ele.

Araújo Porto Alegre, Teixeira de Souza, Domingos José Gonçalves de Magalhães, João Manuel Pereira da Silva, Varnhagen, Torres Homem, dezenas de bons e maus escritores tentaram imprimir um cunho nacional às letras. Mas terminaram, inconscientemente, uma vez que não sabiam ou não podiam ou não queriam saber, em um superado romantismo, mesmo acreditando que faziam brasileirismo, porque tornavam Platão acessível ao Pajé e pintavam os lábios de Iracema com o mesmo requinte que Sue pintava a boca de uma cortesã parisiense. Os índios e negros que passam pelos livros, poemas ou romances de época, mesmo sem excetuar um José de Alencar ou um Gonçalves Dias, serviram à caracterização artificial de nosso romantismo, cujo veio central prendeu-se e perdeu-se pelo mesmo sentimentalismo que copiavam de Lamartine, Victor Hugo e Byron.

Em tal ambiente, é de espantar com todos os milhões de diabos do inferno e da terra que aparecesse um romance como *Memórias de um sargento de milícias*. Marques Rebelo, falando sobre o mesmo assunto, tem um trecho lúcido, cuja citação integral se impõe:

> (...) é realmente para assombrar o aparecimento de Manuel Antônio de Almeida, corajosamente rompendo com as convenções literárias vigentes, trazendo pela primeira vez qualquer coisa de novo e original para a nossa literatura, fenômeno que infelizmente poucas vezes se repetiu. Seu livro é como um grito de reação — grito inconsciente, grito primitivo, grito que não teve eco! — contra o domínio da hiperestesia romântica e piegas que tudo invadiu, não poupando nem mesmo os artigos da Constituição. Em pleno convencionalismo romântico [...], ele próprio um romântico, observa como um naturalista; contra a

ênfase, tão cara aos literatos brasileiros e contra seu culto da forma, escreve com simplicidade e despreocupação, sendo o primeiro a escrever aproximadamente como se fala no Brasil.

Curiosamente, ao mesmo tempo em que Alencar obtinha sucesso com a publicação de *O Guarani* em folhetins do *Diário do Rio*, o romance de Manuel Antônio de Almeida passava despercebido, mal recebido pelo público dos folhetins e, mais tarde transformado em livro, comido em mais da metade da edição pelos ratos dos porões da tipografia que o imprimiu.

Nenhuma revista literária falaria nesse romance, os críticos perdiam tempo devassando dicionários para encontrar palavras rotundas com que enfeitassem seus artigos, nenhum deles falou no livro de Manuel Antônio de Almeida, nem mesmo para depreciá-lo. Vinte anos depois, já morto o autor, Joaquim Manuel de Macedo, que dividia com Alencar a preferência popular da época, falava das *Memórias* com a condescendência de grande escritor para com o livro do autor morto, rival tranquilo que não mais o atrapalharia: "Um estudo ameno e preciso de antigos costumes do país e de coisas nele passadas."

Mas não foi apenas o rival famoso que menosprezou a obra de Manuel Antônio de Almeida. Citado por

Marques Rebelo como o amigo mais fiel do autor das *Memórias de um sargento de milícias*, Béthencourt da Silva mostrou-se mais admirador do amigo que do romance. Deixou leves referências sobre o livro, "obra de poucas páginas", sendo a parte mais importante aquela que acrescenta: "onde o talento de Manuel Antônio de Almeida apenas de leve se estampou", mas onde "não se encontram, decerto, as belezas, às vezes maléficas, de Eugène Sue, nem o abrasileirado de José de Alencar e outros escritores nossos."

Nesse amontoado de palavras, a única coisa digna de atenção e crédito são aquelas belezas maléficas de Sue, bem verdade que em outro sentido. Estranha-se ainda a referência ao talento de Manuel Antônio de Almeida. Se só de leve esse talento passa pelo livro, onde o autor colocaria seu talento? No drama lírico *Dois amores*? Evidentemente que não.

Precursor em vários sentidos não se encontram em Manuel Antônio de Almeida as indagações de ordem filosófica, tão comuns em certa espécie de ficção. A ação corre normal, tranquila, sem interrupções violentas. E Ronald de Carvalho, o mais inteligente dos que escreveram sobre a nossa literatura, naquela infelizmente pequena *Pequena história da literatura brasileira* já notava que Almeida "não cortava as dificuldades com meia dúzia de lugares-comuns dissaboridos, ia ao encontro delas, atacava-as de frente, sem rodeios nem rebuços".

Trouxe para a nossa literatura personagens simples, sem complicações, sem sublimações. O homem que só voltaria a penetrar em livro através do Machado de Assis de alguns contos e dos romances da fase madura.

Para aqueles que procuram material sobre a vida e a obra de Manuel Antônio de Almeida, a grande dificuldade, o primeiro e mais duradouro espanto, é a pobreza de documentação existente. Daí abusarmos de expressões como "causa espanto", "é provável" e outras. A exceção, por sinal, é a biografia que nos deixou Marques Rebelo.

Pretendendo localizar a influência maior sofrida por Almeida, caímos no lugar-comum de que falamos no início deste texto. Mas o vício está de tal maneira enraizado em nossa pesquisa literária, faz parte tão íntima de qualquer processo crítico que se tente, que, sem ele, nosso estudo parecer-nos-ia mais incompleto do que já o é de fato.

Henry Fielding escreveu um dos mais perfeitos e famosos romances de todos os tempos: *Tom Jones*. Tempos atrás, em pesquisa realizada por uma revista europeia, vinte escritores de todos os gêneros e gabaritos consideraram *Tom Jones* o maior romance de todos os tempos, sendo que consideraram *Dom Quixote* hors-concours. A data do aparecimento de *Tom Jones* é considerada excepcional no calendário da literatura inglesa, pois Fielding, na prosa, tem o encargo de responder ao nome da poesia inglesa que assinou *Macbeth*. Fielding é responsável por nove décimos do estilo e da técnica machadianos, embora Sterne e Swift também apadrinhem em doses iguais o décimo restante. De qualquer forma, e sem um documento que comprove nossa afirmação, deixamos registrada nossa suspeita de que Manuel Antônio de Almeida não apenas leu e releu *Tom Jones*, mas procurou deliberadamente escrever um livro equivalente.

Leonardo, o sargento de milícias, saiu diretamente de *Tom Jones*. Não se precisa apurar se o enredo das *Memórias* foi fornecido a Almeida por um redator ou coisa que o valha do *Correio Mercantil*, hipótese que Sílvio Romero também sem fundamento aventou e consagrou na sua *História da literatura brasileira*. Com enredo original ou não, o fato é que Manuel Antônio de Almeida tencionou deliberadamente fazer um *Tom Jones* nacional, um personagem vasto, longo no tempo e no modo, autor e vítima de mil incidentes através dos quais pudesse pintar costumes, maneiras, lendas e crenças de um povo, de uma cidade.

A história de Tom Jones, um enjeitado. Memórias de um sargento de milícias. Leonardo foi um enjeitado também, como Tom Jones foi avesso às escolas e aos mestres. Um e outro tiveram infância e adolescência tumultuadas por aventuras que os adultos tachavam de ímpias. Ambos apresentavam a mesma ingenuidade diante da vida. O mesmo sucesso *malgré tout* com as mulheres. Um cometeu adultério com a própria mãe, o outro esteve nas preliminares, Tom Jones por equívoco do empregado, Leonardo por falta de real oportunidade. Ambos iguais no juízo que da vida faziam: não vale a vida muita coisa, não há com que complicá-la muito, tocar os burros para frente, viver, gozar, já que sofrer também se sofre, e amar e chorar, que há hora para isso também.

Mas não apenas o tema foi de inspiração tão remota e audaz. A própria técnica aí está: o mesmo senso irônico de dividir capítulos, as idas e voltas ao passado, algumas sentenças lançadas aqui e ali para acentuar a ironia ou a isenção do narrador — detalhe que Machado levaria à exasperação. Em resumo: Leonardo não é exatamente Tom Jones porque o Brasil não é exatamente a Inglaterra do século XVIII.

Mores hominum multorum vidit. A mesma frase latina que Fielding fez estampar no frontispício da primeira edição de seu livro podia de igual modo ser transcrita na obra do autor brasileiro. Pois da mesma forma que Fielding imortalizou costumes e lugares, gerando uma iconografia incomum, mesmo para um povo como o inglês, Manuel Antônio de Almeida encontrou pronta a melhor ilustração para a caracterização de uma época: o francês Jean-Baptiste Debret.

Foi feliz Marques Rebelo, em sua biografia, ao acentuar a ausência de paisagem em nossa literatura. As selvas que apareciam eram tão luxuosas que mais pareciam cenários de opereta. Na cidade, no chamado romance urbano, apareciam coxins de seda que agasalhavam suspiros de donzelas pálidas. Até que surgiu Manuel Antônio de Almeida completando e sublimando Debret: nossos escravos, nossos quiosques, nossos postes de iluminação a óleo de peixe, o pelourinho, a casa da cadeia pública, as mulheres de mantilha, as procissões, a via-sacra, os fogos no Campo dos Ciganos. E Debret ficou sendo, mesmo sem saber ou adivinhar, o melhor ilustrador para as *Memórias de um sargento de milícias*, da mesma forma que Hogarth, já deliberadamente, ilustrou as primeiras edições de *Tom Jones*.

Mas a grandeza de Manuel Antônio de Almeida não está apenas nisso tudo. Vai mais além. Prolonga-se através do tempo, mastigando a linguagem, quebrando tabus, inovando e renovando, até desaguar naquele que apanharia o bastão do romance carioca e o levaria não só para mais adiante na corrida do tempo, mas à definitiva expressão: Machado de Assis.

Carlos Heitor Cony,
jornalista e membro da
Academia Brasileira de Letras

Vida e obra de
Manuel Antônio de Almeida

Manual Antônio de Almeida.

Folheando um guia da cidade do Rio de Janeiro, neste ano tão atribulado de 1942, computamos que existem 3.899 ruas, 439 travessas, 228 praças, 228 estradas, 98 avenidas, 63 becos, 61 largos, 54 praias, 36 ladeiras, 2 parques, além de campos, caminhos, jardins, cais, pontes, viadutos e estações, num total de 5.267 logradouros públicos.

Quando não de bronze agressivamente imortal, as placas de esmalte azul e letras brancas guardam tantos nomes de tanta gente sem importância, vagas donas Marias, donas Luísas, donas Franciscas, Ritas, Júlias, Joaquinas, vagos doutores, vaguíssimos almirantes, generais e senadores e até mesmo há umas engraçadas ruas Alfa, Beta, Gama, Delta, quase todo um alfabeto grego enfim, num subúrbio bem pouco helênico da Central. Mas em nenhuma placa está gravado o nome do seu filho Manuel Antônio de Almeida, quando já se passaram 81 anos de sua morte e 111 do seu nascimento.[1]

* * *

Em 1831, o Rio de Janeiro, na voz unânime dos viajantes, não constituía nenhum modelo de limpeza — ruas estreitas e tortas, cortadas ao centro por uma vala onde se acumulava toda espécie de imundície, casas sem luz, nuvens de moscas, nuvens de mosquitos, tifo, malária e febre amarela endêmicos, que as procissões noturnas, de encapuzados, não debelavam, e por toda parte baratas, lacraias, cupim, feiura, descaso, negligência e abandono.

A praia da Gamboa, que hoje, assim como o famoso Saco do Alferes e a praia do Valongo, não existe em virtude do aterro do Cais do Porto, era quase um subúrbio do Rio, e um tristíssimo subúrbio. Dominada pelo Cemitério dos Ingleses, caminho obrigatório das barcaças do Caju, de praia tinha muito pouco. Era um mangue insalubre, malcheiroso, paraíso de mosquitos, de urubus e de caranguejos. Mas, apesar de tudo, piscoso, tanto assim que o seu nome vem de certa armadilha, chamada gamboa, que os pescadores faziam para apanhar o peixe. Quando a maré era mais forte, a lama preta atingia as últimas casas da rua do Propósito, que terminava na praia e que, por um inaudito milagre municipal, ainda conserva o mesmo nome. Essa rua era mais uma vereda, com raras casas, casas humildes, habitadas por gente pobre, e foi numa dessas casas que, filho legítimo do tenente Antônio de Almeida e de dona Josefina Maria de Almeida, ambos portugueses, como tudo faz crer, nasceu Manuel Antônio de Almeida, a 17 de novembro.[2]

Havia divergências quanto ao ano. Firmando-se em 1831, liquidou-as o dr. Luís Filipe Vieira Souto, que em 1931, pesquisando para as comemorações do centenário de nascimento do romancista, encontrou nos arquivos da então Faculdade de Medicina a certidão de matrícula de Manuel Antônio de Almeida, hoje infelizmente perdida pelo bolor e pelo desleixo administrativo, pela falta de respeito, principalmente, aos legados do passado, que tem sido, até agora, como que um dos traços predominantes do caráter nacional.

Em 1840 já estava sua família nas imediações da Igreja do Bom Jesus do Calvário e Via Sacra, que ficava na esquina da rua Uruguaiana com a rua General Câmara, respectivamente, então, rua da Vala e rua do Sabão.

Pouquíssimo se sabe da sua primeira infância, e Francisco Joaquim Béthencourt da Silva, que foi seu companheiro de juventude, nada nos conta a tal respeito nas páginas que escreveu sobre o amigo para a edição das *Memórias de um sargento de milícias*, publicada em 1876, na série "Leituras populares", do editor Dias da Silva Júnior, com o subtítulo de "romance de costumes brasileiros".[3]

Trajando robissão de lila, calças de brim escuro, e levando a tiracolo uma enorme pasta de couro ou papelão pendurada por um cordel, frequentaria, provavelmente, uma escola tico-tico, em algum escuro sobradinho de grade de pau da estreita rua dos Cachorros, sob o regime da palmatória — a santa férrula, como a chamavam os mestres-escolas — engolindo a escassa ensinança que era servida, mas fartamente temperada com princípios de religião e moral cristã. Atrás de passarinhos e lagartixas, faria gazetas no Morro do Livramento, no Morro da Conceição, ou no Campo de Santana, que não era naquela época essa "construção de *gentleman*" de que nos fala mestre Machado no seu célebre "Conto de escola". Acompanharia como todos os meninos a via-sacra do Bom Jesus, "espécie de procissão composta de alguns padres conduzindo cruzes, irmãos de algumas irmandades com lanternas e povo em grande quantidade", os padres rezando, o povo acompanhando a reza, "ato que satisfazia a devoção das carolas e dava pasto e ocasião a quanta sorte de zombaria e de imoralidade lembrava aos rapazes".

O que se sabe de verdade é que a família, embora morando em melhor zona, continuava passando uma vida de sérias dificuldades, pois o tempo já não era aquele de tão poucas preocupações em que se passam as *Memórias* — tempo do rei, "tempo em que a demanda era um elemento de vida e que as ações dos outros era o principal cuidado de quase todos".

Seu pai, um pobre militar, morreu pouco depois de terem vindo para o centro, e foi dona Josefina que se viu na contingência de prover as necessidades do pequeno e modesto lar. Béthencourt da Silva chamava-a "anjo benéfico". Cheia de grande doçura e de uma enorme capacidade de luta — que também seriam as maiores características de seu filho Maneco, como era tratado por ela, pela família e pelos amigos —, sua casa e seu coração estavam sempre abertos aos amigos do filho, que encontravam nela uma outra mãe de inefável ternura. Por seus filhos (e eram quatro, dois meninos e duas meninas, sendo Maneco o segundo do lote), ela lutou com bravura e muito possivelmente não foi por outra causa a sua morte relativamente prematura.

Parece que Maneco foi para ela o tesouro precioso das suas esperanças — e talvez não fosse inteiramente suposição que ela quisesse fazê-lo clérigo, assim como o padrinho barbeiro do romance queria fazer clérigo ao endiabrado afilhado:

> Clérigo?... Um senhor clérigo é muito bom... É uma coisa muito séria... Ganha-se muito... Pode um dia ser cura. Está dito, há de ser clérigo... Ora, se há de ser: hei de ter ainda o gostinho de o ver dizer missa... de o ver pregar na Sé.

Mas, tal como o herói das *Memórias*, Maneco também não foi padre.[4]

* * *

O Colégio São Pedro de Alcântara era um colégio brasileiro, quando imperava o gosto pelo importado e prosperavam na cidade muitos estabelecimentos estrangeiros, tanto assim que com justiça e ironia criticava o padre Lopes Gama: "qualquer francês, qualquer inglês, qualquer suíço etc. qualquer abelha mestra desses países... aporta... e, não tendo outro gênero de vida, diz que vem repartir conosco das suas muitas luzes!" E foi no Colégio São Pedro de Alcântara que Manuel Antônio de Almeida fez os seus preparatórios com razoável aplicação, mas com irregularidade, pois por falta de recursos muitas cadeiras ele se viu obrigado a estudar sozinho. Por diletantismo ou por influência de Manuel de Araújo Porto Alegre, que era poeta e pintor, mau poeta e mau pintor, estudou desenho na Academia de Belas Artes, onde pontificavam mestres franceses, mas logo abandonou-a sem ter feito mais que um pouco de desenho de figura.

Em 1º de abril de 1848, obteve plenamente em latim e simplesmente em francês, filosofia, aritmética e geometria, no exame de habilitação que fez para a Faculdade de Medicina, que viera da rua dos Barbonos, 66,[5] um pardieiro, para o sopé do Castelo, junto à Santa Casa da Misericórdia, em prédio que ainda hoje lá se encontra, quase sem modificações, à esquerda da Igreja da Misericórdia, que fica no largo do mesmo nome, prédio construído especialmente para o primeiro hospital que se levantava cá nestas bandas da América, construção que teve o dedo de Anchieta. Tinha a Faculdade de Medicina, como diretor, a figura importantíssima do lente jubilado dr. José Martins da Cruz Jobim, "do Conselho de S. M. o Imperador, Senador do Império, Comendador das Ordens de Cristo e da Rosa, Médico da Imperial Câmara, Membro da Academia Real das Ciências de Lisboa, Nápoles e Lile", como pomposamente constava impresso nos diplomas, mas, contradizendo as galas do diploma, a Faculdade, embora em outro edifício, continuava com instalações que não se diferenciavam muito das miserandas instalações da rua dos Barbonos, em guerra franca com a higiene, privada de aparelhos e pessoal, sobrevivendo quase que exclusivamente do altruísmo dos professores.

Doutorar-se em medicina, numa época em que ser doutor importava muito, era o modesto recurso em voga para os que não podiam ir bacharelar-se em São Paulo ou em Olinda. Não era, portanto, uma verdadeira vocação, e havia, a pesar, o forte preconceito ainda existente contra os médicos, e mais especialmente contra os cirurgiões, reminiscências dos tempos coloniais, em que os cirurgiões não eram incluídos entre os "homens bons" capazes de governar a terra e, mesmo entre os jesuítas, enfermeiro e boticário não eram padres, mas simples irmãos coadjutores, como o irmão cozinheiro ou o irmão pedreiro...[6]

Mais tarde, no seu célebre romance, só trataria os personagens enfermos com sangrias de barbeiro, ervas, rezas e feitiço e, de modo mais positivo, ironizaria a profissão escolhida no seguinte trecho:

Todo barbeiro é tagarela e principalmente quando tem pouco que fazer; começou portanto a puxar conversa com o freguês.[7]

— Ó mestre! — disse o marujo no meio da conversa —, você também não é sangrador?

— Sim, eu também sangro...

— Pois olhe, você estava bem bom, se quisesse ir conosco... para curar a gente a bordo; morre-se ali que é uma praga.

— Homem, eu de cirurgia não entendo muito...

— Pois já não disse que sabe sangrar?

— Sim...

— Então já sabe até demais.

* * *

Como suportou o violento regime de trotes aos calouros não sabemos, mas a 9 de novembro de 1849 Manuel Antônio de Almeida prestava o seu exame de primeiro ano, conseguindo um *nemine discrepante,* da banca que era presidida por Francisco Freire Alemão, tendo como examinadores Francisco de Paula Cândido e Francisco Gabriel da Rocha Freire. Tivera como professores Francisco de Paula Cândido, na cadeira de física em geral e particularmente em suas aplicações na medicina, Joaquim Vicente Torres Homem, na de química e mineralogia, e José Maurício Nunes Garcia, na de anatomia descritiva.[8]

E vêm desse ano as suas primeiras produções publicadas, segundo informam Sacramento Blake e Béthencourt da Silva, nos *Harpejos poéticos,* na *Guaracinga* e na *Guaraciaba,* revistas literárias, que na bonacheirona precariedade da Biblioteca Nacional não foram encontradas completas. Mas o escritor Astrojildo Pereira, excelente analista da obra de Manuel Antônio de Almeida, possui um raríssimo, talvez único exemplar, dos *Harpejos poéticos,* ou "coleção de várias poesias modernas", editada na Tipografia Francesa, à rua São José, em 1849. Duas poesias aparecem na revista: "A uma jovem espanhola",[9] no número de 3 de maio de 1849, páginas 201-202, e "O morrer da virgem",[10] no número de 20 de junho do mesmo ano, páginas 286-287. Pelo tom romântico, e de sensível mediocridade, não diferem muito daquela que escreveu, datada de 1851, um ano antes de começar a escrever as *Memórias,* num livro íntimo de Béthencourt da Silva, e que o dono como "espécie de sacrário guardava religiosamente das vistas dos que não creem na profundeza da adoração". Intitulada "Escuta", é um idílio suspiroso e apaixonado, como a classifica com bondade o dono do álbum, álbum este perdido num incêndio que, no princípio do século, destruiu totalmente o prédio do Liceu de Artes e Ofícios, e trazia uma epígrafe: "Escrevo para ti pensando nela", atribuída a um dr. Ernesto, em tom evidente de gracejo, pessoa essa que não conseguimos identificar.

O álbum foi reduzido a cinzas, mas a poesia salvou-se, pois Béthencourt da Silva transcrevera-a na introdução, dita "literária", mas cheia de preciosas informações, que fez para a edição das *Memórias,* do editor Dias da Silva Júnior, em 1876... Ei-la:

> *Escuta, virgem! tens um riso de anjo*
> *que infunde n'alma singular quebranto:*
> *belo qual sonho que na doce infância,*
> *nos roça a mente no dormir de rosas.*
>
> *Escuta ainda: — teu olhar fagueiro*
> *espelho ingênuo de tu'alma pura,*
> *semelha o lago tranquilo e manso,*
> *mostra no fundo as pérolas lustrosas!*
>
> *Mas eu não quero que me infundas n'alma*
> *Doce quebranto de teu riso d'anjo:*
> *mas eu não quero que me dês fagueiro,*
> *volver donoso de teus lindos olhos.*

Que se me deras um teu doce riso,
que se me deras um olhar dos teus,
pudera cego, desvairado e louco,
morrer de gozo de ventura tanta.

Também não quero aventurada rosa
que entre teus dedos, amorosa, afagas,
que descuidada, por teus lábios passas,
e que perfumas de teus doces beijos!

Quero somente que uma vez na vida,
digas meu nome; que me dês já murcha
a triste flor que desbotada arrancas
de teus cabelos e que ao chão arrojas...

Quero somente que por meu sepulcro
um dia passes; que meu nome leias...
que — amou-me — digas; isto só me basta
por prêmio caro de um amor tamanho...

* * *

É de 20 de março de 1850, ano em que a febre amarela tomou um aspecto devastador, a tal ponto que o diretor interino suspendeu as aulas de anatomia, "por ser temerário e pouco humano fazer agora demonstrações e exercícios nos cadáveres, tornando-se mesmo azado persuadir aos alunos que não exponham as suas vidas sem audiência dos seus pais", é de 20 de março de 1850 o requerimento que hoje se encontra na Seção de Manuscritos da Biblioteca Nacional, quando seria mais lógico que estivesse no arquivo da Escola Nacional de Medicina:

> Senhor — Diz Manuel Antônio de Almeida, aluno aprovado no primeiro ano médico da Escola de Medicina, que tendo se retirado para fora da cidade pouco antes de abertas as matrículas e não tendo podido, por motivo de moléstia, regressar senão depois de fechadas as mesmas matrículas, acha-se na impossibilidade de ser admitido no segundo ano sem a Graça Imperial de V. M. I., pelo que pede a V. M. I. se digne deferir-lhe benignamente.[11]

O requerimento, como todos os papéis estudantis, não era selado, e Sua Majestade, que se não fosse imperador quisera ser professor, concedeu benignamente a matrícula, mas é lícito admitir que o estudante não saiu da cidade e o que o impediu de se matricular foi a sua pobreza. O curso médico era dispendioso e a Maneco "faltavam os mais indispensáveis meios", como esclarece Béthencourt da Silva. Mas — é ele mesmo quem escreve nas *Memórias* — quando temos apenas 18 a 20 anos sobre os ombros, o que é um peso ainda muito leve, desprezamos o passado, rimo-nos do presente, e entregamo-nos descuidados a essa confiança cega no dia de amanhã, que é o melhor apanágio da mocidade.

Teve nesse ano como professores: Francisco Gabriel da Rocha Freire, em botânica e zoologia; F. Bonifácio de Abreu, em química orgânica; Lourenço de Assis Pereira da Cunha, em fisiologia; e José Maurício Nunes Garcia, em anatomia descritiva.

A 15 de novembro obtinha o seu segundo *nemine discrepante*, e a banca era composta do conselheiro Joaquim Vicente Torres Homem, Francisco Freire Alemão e Francisco Gabriel da Rocha Freire.

* * *

A 27 de novembro de 1851 prestava novamente exame — o de terceiro ano. A banca era composta de José Maurício Nunes Garcia, Lourenço de Assis Pereira da Cunha e Francisco Ferreira de Abreu. Obtinha mais um *nemine discrepante*. E foram seus professores nesse ano: Lourenço de Assis Pereira da Cunha, em fisiologia, Francisco Praxedes de Andrade Pertence, em anatomia geral e patológica, A. Felix Martins, em patologia geral, e Manuel Feliciano Pereira de Carvalho, em clínica externa.

E é na condição de "aluno da Escola de Medicina", como apôs ao seu nome, que faz publicar, nos "A Pedidos" do *Jornal do Commercio* de 12 de fevereiro de 1852, um protesto intitulado "Civilização dos Indígenas" e trazendo como introito uma citação do *Cosmos,* de Humboldt:

> *En maintenant l'unité de l'espèce humaine, nous rejetons, par une conséquence nécessaire, la distinction désolante de races superieures et des races inferieures. Sans doute il est des familles plus susceptibles de culture, plus civilisées, plus éclairées; mais il n'est est pas de plus nobles que les autres. Toutes sont également faites pour la liberté...*

É que Francisco Adolfo de Varnhagen publicara em Madri, onde era secretário da nossa legação, o seu deplorável *Memorial orgânico,* lançado em dois folhetos, um de 1849 e o outro de 1850. E em 1851, vindo ao Brasil, os redatores da revista *Guanabara* — veja-se como são confusos certos redatores! — pediram permissão para reeditá-lo, o que foi feito com alguns retoques no número de 15 de setembro.[12] "O aluno da Escola de

Medicina", que seguramente não lera a edição madrilena, leu a reedição guanabarina e, não concordando com as ideias do historiador, rebateu-as com jovem e nacionalístico fervor. Claro é que não teve resposta. Varnhagen, o fidalgo, não iria descer do seu pedestal. Mas é dever nosso transcrever todas as laudas da juvenil ousadia, pelo que de altruísmo e revolta encerram, e nas quais ficam patentes os laivos lusófonos, respeitando alguns trechos desconexos que acreditamos decorrem da má revisão do jornal:

Um grito de guerra, bem pouco generoso, contra as raças indígenas do Brasil, acaba de ser levantado pelo autor de um trabalho intitulado — *Memorial orgânico* — publicado nas páginas do *Guanabara*; um grito de guerra, que parece ser o eco daquele que ao pôr pé no território brasileiro fora soltado pela cobiça dos portugueses.

Julgávamos que a questão relativa aos nossos indígenas se achava de muito resolvida; julgávamos que não havia filósofo de qualquer seita, político de qualquer cor, que não acreditasse que o único meio de fazer servir esses homens à Humanidade, a Deus e ao Estado, é acabar para sempre com esse sistema de tirânica opressão que tanto tem pesado sobre eles, que tem conseguido esmagar-lhes famílias inteiras;

pensávamos que todos aqueles meios, atrozes, inconsequentes, com que se pretendia outrora domar o nosso gentio, haviam acabado com a barbaria dos tempos coloniais; que dessa época só havíamos guardado para esse fim a cruz de Anchieta e a palavra de Nóbrega. Enganávamo-nos! Ainda há quem venha restabelecer os hábitos da barbaridade passada, adoçados ou esquecidos pela civilização presente; ainda há alguém que, descrendo impiamente da força da palavra, do poder da religião, do influxo da civilização, ouse ir desenterrar a espada de Mem de Sá, o devastador dos Tamoios, e dizer-nos: "Eis aqui a civilizadora das raças indígenas."

Vale a pena nos ocuparmos um pouco com essa importante questão; deixaremos de parte tudo mais que nesse trabalho diz o autor, e ocupar-nos-emos unicamente deste ponto.

É no capítulo "população e colonização" que o autor começa. Como Bacon e Descartes, que desaprenderam primeiramente a filosofia que sabiam para depois formarem o seu sistema, quer o autor desaprender primeiro tudo o que sabe a respeito da matéria para depois apresentar suas novas ideias; aspira à originalidade. Vejamos primeiro o que é que o autor aprendeu, ou deve ter aprendido, e agora quer esquecer, e depois veremos o que apresenta de novo.

Da religião aprendeu o autor que ensinar aos que ignoram é um santo dever; que devemos utilizar e não destruir as obras de Deus; que o homem deve ajudar aos mais ignorantes com a sua inteligência, assim como aos mais fracos com o seu braço. Da marcha da humanidade, da civilização, da história, aprendeu o autor que o homem lucra com a conservação do homem; que os hábitos de guerra tornam ásperos os costumes dos povos; que o meio mais seguro de conquista é a força da inteligência; que o homem se enobrece quando a põe em exercício, que ele apura os seus conhecimentos e crenças quando os reparte com os outros. Tudo isto aplicando à questão dos indígenas dá em resultados que devemos antes de tudo procurar com ardor, com afinco, catequizá-los, aproveitá-los no serviço de Deus, repartir com eles a nossa ilustração, a nossa indústria, domarmos-lhes o gênio belicoso com exemplos de paz, atraí-los enfim a nós pelo meio que mais poder exerce sobre o homem, qualquer que seja o seu estado, a segurança de liberdade. É isto o que o autor deve saber, porque é isto o que todos sabem; tudo o mais a respeito está prescrito e desprezado. É isto portanto o que o autor quer esquecer; quer esquecer a humanidade, a religião, a história... tudo por amor de mais 100 ou 200 léguas de território de que poderemos dispor, e que tanto ciúme lhe causa ver nas mãos do gentio que nelas nasceu e que nelas vive desde muito antes que lhe soubéssemos nós da existência!

Vejamos agora o resultado novo que apresenta o autor depois de ter desaprendido tudo isto. É muito simples, é mesmo consequente: o autor quer de hoje em diante para os indígenas a guerra e a escravidão! A guerra, apoiado em não sei que direitos herdados dos normandos, pede-a ele em termos claros e precisos; a escravidão, apesar de a julgar lícita, vem disfarçada com o nome de tutela. Mas isto que quer ser novo é velho, e muito velho, mesmo mais do que aquilo que o autor repele como teorias sediças de filotapuias; isto é o que forma a história sanguinolenta do domínio espanhol e português na América; é essa a linguagem dos escritores e pensadores daquele tempo. Parece que o autor se deixou levar pela leitura dessas crônicas em que se faz de Pizarro um herói, e de Cortez um filósofo humanitário. É essa a linguagem copiada das cartas e arengas dos capitães-mores do Estado do Brasil. Não há pois originalidade no que diz o autor, senão repetição de coisas muito sabidas e muito reprovadas. Entretanto, mesmo porque são coisas muito combatidas é que a sua sustentação cumpre que seja altamente estranhada.

Quando por toda a parte, fatigados pelas lutas materiais a que se tem arrojado a humanidade, os políticos e os filósofos invocam a fraternidade como meio de conciliação; quando no meio do tumultuar desabrido dos movimentos recentes da Europa se forma um congresso que hasteia a bandeira da paz, é impiedade vir entre nós, também feridos, também martirizados pelos golpes das revoluções, tocar um alarma de guerra. E sobretudo é isso cruel, porque a guerra que se pede não tem por causa motivo algum generoso e nobre, não tem por fim senão o sórdido e material interesse de adquirir mais algumas léguas de território, como se não o tivéssemos nós em quantidade capaz de satisfazer a mais desenfreada cobiça!

Quando depois de alguns anos de combate tivermos conseguido conquistar, ou antes de destruir esta ou aquela tribo indígena, ganharemos, é verdade, mais um espaço de terra; porém quanto teremos perdido em moralização, em doçuras de costumes, em hábitos de humanidade? Acha o autor que ainda não estamos bastante embrutecidos com as nossas revoluções políticas? Assenta que a ideia do apelo à força material, como meio de resolver todas as questões, ainda não está bastante enraizada no país? Temos tido até aqui bastantes guerras em nosso seio, porém têm sido todas entre partes de forças mais ou menos iguais: o autor quer dar-nos agora um espetáculo a que não estamos habituados; quer o massacre, a guerra do forte contra o fraco, do armado contra o inerme, da arte contra o instinto, do fuzil experimentado contra o tacape selvagem.

Quando os portugueses aportaram ao Brasil toda a sua extensão se achava coberta de imensas tribos de selvagens; parece incrível: quando se ajuntavam para algum combate, ou para outro qualquer fim, diz uma testemunha ocular que pareciam tantos como as folhas das árvores. Entretanto, apesar do número, raras vezes foram os primeiros a romper hostilidades, entretanto, apesar da reputação de infidelidade que lhes emprestam, guardavam muitas vezes de um modo muito nobre a fé dos tratados e promessas. Os portugueses, porém, vinham a buscar riquezas, e não a trazer civilização; desprezaram estas boas inclinações; trataram de matar os indígenas para lhes tomarem as terras; mataram muito, e em número espantoso. De cada vez que precisavam de algumas léguas de terra para fundar uma capitania faziam um Saint-Barthélemy, e no outro dia tinham o que queriam e ainda mais uma centena de escravos, os prisioneiros do combate. Assim progrediram em toda aquela série de torpezas que dói comemorar. Não se pode, pois, falar em brandura empregada com os índios sem mentir à história. Dois, três ou quatro missionários constituíam toda a força moral com eles empregada; esses mesmos tinham que lutar com a má vontade dos donatários das terras, e de toda aquela caterva de sentenciados e aventureiros que lhes faziam honroso cortejo. Quando o jesuíta trazia do meio dos bosques algum índio convertido, o donatário do lugar o arregimentava logo no número de seus escravos: o pouco que a fé fazia por um lado, desfazia-o por outro a avareza. Nós modernamente, se não seguimos a barbaridade de uns, também não imitamos a dedicação de outros; tem-nos conservado num estado de completa inação: catequeses, missões, tudo isso hoje é nominal; os governos têm pela maior parte desprezado completamente a questão. Não sabemos portanto de que experiência de meio século fala o autor para provar a insuficiência dos meios brandos; esses nunca foram nem são empregados senão em uma escala tão acanhada que não pode ser levada em conta.

Se a história dos fatos não serve para justificar o que pretende o autor, o exame dos direitos está no mesmo caso. Não serve para justificar a guerra aos indígenas o alegar-se que são gente nômada e sem assento fixo, porque enfim, ainda que isso fosse absolutamente verdadeiro, há de haver na terra um lugar para eles, que como nós têm direito à vida e à subsistência. É também sofisma dizer-se que eles constituem uma revolução armada dentro do império, desobedecendo ao nosso chefe e à nossa lei. Quando se criou o império, o chefe e a lei, já eles ocupavam os lugares que ocupam e viviam a vida que vivem: o império, o chefe e a lei foram criados debaixo dessas condições. Como pois dizer-se que eles constituem uma revolução dentro do império? As nossas leis nem eles as juraram, nem mesmo sabem delas, mas o autor diz que para o crime não vale em direito a alegação da ignorância. Ora, não há compêndio moral que não consagre este princípio: — quando um indivíduo não sabe o que faz, o ato não lhe é imputável.

Tudo isto que acabamos de dizer serve para combater o princípio absoluto de fazer-se guerra aos indígenas; e como o autor se encarregou depois de indicar o modo por que a guerra deve ser feita, diremos também alguma coisa sobre isso, ainda que seja uma questão prejudicada por ter caído a primeira.

O autor pede o restabelecimento das *bandeiras;* isto é, quer dar a qualquer que disso tenha vontade o direito de armar-se e partir em uma correria sanguinária a buscar no meio dos bosques quem trabalhe em sua fazenda, ou quem sirva em sua casa. O mesmo que se vai hoje daqui praticar na costa d'África quer o autor que se pratique dentro do império. Hoje um capitalista ambicioso tripula um navio e manda-o, à custa de muitos riscos e trabalhos, buscar uma centena de negros em Guiné; todos sabem até que ponto chega o embrutecimento dos que se empregam nesse cruel trabalho, todos os horrorosos padecimentos a que eles sujeitam esses infelizes, vítimas da cobiça; amontoados no estreito porão de um navio, homens, mulheres, velhos e crianças, todos os dias durante a viagem o mar recebe uns tantos que a nostalgia, a fome, a sede, a falta de ar, porque tudo sofrem eles aí, entregaram à morte; e não é só os mortos que o mar recebe: se o navio periga, se ao longe no horizonte aparecem as velas do cruzeiro, se escasseiam os alimentos, abre-se a escotilha, e o navio lança ao mar às vezes quase toda a sua carga!... Pois bem, alguma coisa que bem se parece com isto há de produzir-se com o restabelecimento das *bandeiras*. Para tripular um navio negreiro é mister empregar um grosso capital com risco de o ver perdido pelo cruzeiro; para armar uma bandeira basta juntar cem homens mesmo escravos, cem ambiciosos, cem vadios, porque ninguém que o tenha deixará seu emprego para ir a essa horrível caçada de gente, e partir... partir sem medo de cruzeiros, partir com carta de marca ou autorização da presidência, porque não quer o autor, para maior escândalo, que falte a essas levas de sangue o caráter oficial! Chegando a uma aldeia de índios essas caravanas de destruição, armadas com armas superiores e com a sede da cobiça, surpreendem ordinariamente de noite esses incautos no meio do sono; caem sobre eles, destroem, matam... matam cem para colher um prisioneiro, porque é sabido que se não entregam eles com facilidade, senão que lutam com esforço até à morte.

Regressam depois com os despojos da carnificina; isto é, meia dúzia de prisioneiros; são estes sempre escolhidos entre os mais moços e robustos, que os velhos e as crianças, que para pouco serviriam, ou os matam, ou os deixam abandonados. Pelo caminho, se alguns deles buscam livrar-se das cordas que os amarram, vigorosos azorragues buscam submetê-los; se persistem, como é natural a homens de têmpera de um índio... um tiro na cabeça ou uma facada no coração põe tudo em tranquilidade! Quantas vezes depois de muito matar e muito destruir volta a bandeira sem um só prisioneiro?!

É esta a história sabida; nem dela precisávamos; basta o simples bom-senso para ver que tudo isso é muito consequência, que isso mesmo é o que deve suceder. Uma guerrilha composta até de escravos grosseiros e brutais, que acharam sem dúvida um cruel prazer em ter também o direito de matar, castigar, prender, em ser também, ainda que por pouco tempo, senhor absoluto no meio de seu cativeiro; uma guerrilha cujo ferrete é o interesse particular do chefe e de seus associados, com a avareza e a crueldade por disciplina, há de ser por força brutal no combate, desleal e covarde fora dele!

Esse espírito belicoso que o autor deseja ver nascer aparecerá sem dúvida, mas em uma escala perigosa; o fazendeiro, por exemplo, chefe de uma ou muitas bandeiras, quando tiver a sua gente bem aguerrida, tornar-se-á um senhor feudal dentro de sua casa; oprimirá seus vizinhos, zombará das leis e resistirá às autoridades; o autor bem sabe o que neste sentido se pratica em certos pontos do império, e não está ainda desenvolvido o espírito belicoso com a criação das bandeiras.

Depois da guerra, dissemos nós, o autor quer para os indígenas a escravidão; mas não tendo coragem de pedi-la abertamente, disfarça-a, acrescentamos, com o nome de *tutela* ou *protetorado*. Em verdade quem será tão ingênuo que não compreenda o que é uma tutela desse gênero, que recebe por paga o serviço do tutelado? Não é assim uma coisa semelhante a esta *distribuição* de africanos chamados *livres* que se fazia aqui há tempos no Rio de Janeiro quando era capturado algum navio negreiro? O que é um tutor com direito ao trabalho do tutelado? Um senhor julga-se autorizado a exigir de um escravo a maior soma de trabalho possível, trabalho pesado, constante, insuportável; se não é satisfeito, castiga-o cruelmente, e muitas vezes esse escravo não lhe tem custado senão uma insignificante soma. Calcule-se agora que quantidade e que qualidade de trabalho não se julgará autorizado a exigir um *tutor* de um *tutelado* que lhe custou as fadigas da luta e o risco da vida? Se não for satisfeito, tem o direito de obrigá-lo, de castigá-lo. E não sabe o autor o que é o castigo domesticamente aplicado ao índio robusto das florestas? É prender-lhe as mãos, os pés, e muitas vezes a cabeça, em um instrumento chamado tronco; é amarrá-lo de braços para trás à roda de um carro de serviço; é escrever-lhe por todo o corpo a golpes de azorrague a sentença de uma degradação eterna!!

A história aí está para atestar o que dizemos; não é, como bem conhece o autor, nova a ideia de bandeiras; todos os que viram ou leram alguma coisa sobre a questão sabem que nunca aproveitaram elas senão como meio de destruição; mesmo o autor fazendo o seu elogio, em vez de dizer-nos (e não faz porque seria mentir): "Por este meio se reduziu à civilização esta ou aquela tribo", diz-nos com verdade: "Por este sistema se deu quase cabo do indômito Caiapó."

O autor, apesar de conhecer os princípios liberais e os sentimentos de bom-senso do publicista Vatel, não o acha muito humano, e pede que o sejamos mais do que ele: quer que *eduquemos à força os nossos selvagens e que quinze anos depois, quando já não precisem mais de tutela, façamos deles prestantes cidadãos e cristãos!*

Não podemos conter a indignação diante de semelhante doutrina; é o maior escândalo que se pode fazer ao bom-senso!... Quinze anos de humilhação, quinze anos de sujeição aos ferros, ao tronco, ao azorrague, para fazer um bom cidadão?! Há de ser realmente um cidadão digno de toda a consideração aquele que se apresentar na sociedade com o corpo lanhado pelo azorrague, embrutecido pelos maus-tratos, arrastando consigo as cadeias de quinze anos de escravidão! Não se diga que carregamos aqui a pena; que isto não há de suceder, porque as tutorias só serão dadas a pessoa de reconhecida probidade. Todos conhecem o poder dos hábitos e dos costumes; estão entre nós em maioria as pessoas que, sendo de um trato social o mais delicado, incapazes de se envolverem em transações menos honestas, bons e devotos cristãos, tratam com uma dureza censurável seus subordinados e escravos. O que acabamos pois de apontar é a consequência inevitável dos princípios que impugnamos. Deus nos livre que o autor seja atendido em suas pretensões a este respeito.

Terminamos pedindo-lhe que renegue em bem da humanidade essas doutrinas que prega, e que se compenetre das palavras que servem de epígrafe a este artigo: "elas são do homem talvez o mais sábio que possui hoje o mundo."

* * *

Para custear os estudos, começou a fazer traduções para *A Tribuna Católica,* que era publicada sob os auspícios de Sua Exma. Revma. o sr. Bispo Capelão-Mor Conde de Irajá, d. Manuel do Monte Rodrigues de Araújo, e impressa na Tipografia Brasiliense, à rua do Sabão, 114, gráfica que, mais tarde, iria imprimir, em livro, as *Memórias.*

E assim pôs em português um pecado francês: *Gondicar, ou o amor do cristão,* episódio do tempo das cruzadas, de Luís Friedel, que apareceu em folhetim, assinado com as suas iniciais e com a informação de que o tradutor era "ex-aluno do Colégio de São Pedro de Alcântara".[13]

E a vida do estudante vem se complicar mais ainda com o triste acontecimento que foi a morte de sua mãe. Cai-lhe nos ombros a responsabilidade de olhar por suas irmãs, Eulália Josefina e Adélia Guilhermina, que ele aliás adorava.[14]

É quando vai para o jornalismo como meio de vida, e dos mais precários naquele tempo. Escreve ele em 1858 a Augusto Emílio Zaluar, poeta e jornalista português que viveu alguns anos no Brasil, por ocasião do aparecimento do primeiro número de *O Paraíba,* lançado em Petrópolis:

> Admiro com orgulho e com entusiasmo todas as grandes coisas da época em que vivemos: pasmo ante as pesquisas implacáveis da ciência com que os sábios de gabinete, macerando a inteligência, violam os segredos mais íntimos da natureza: arrebatam-me as concepções da indústria que parecem querer formar um mundo no mundo, e que têm por assim dizer multiplicado o homem ao infinito, dando-lhe quase ubiquidade; extasia-me a fecundidade da poesia, da história e da literatura modernas, que excederam de uma imensa superioridade tudo quanto produziu o mundo antigo; mas, de todos esses lidadores, sábios, industriosos, poetas, historiadores e literatos, o tipo não mais admirável, porém mais simpático, mais do século, mais original, mais moderno, é o do jornalista periódico. Abracei essa profissão por instinto, quando ainda lhe não podia medir bem toda a importância: obscuro entre os obscuros, não tendo ainda do que ela tem de glorioso e belo senão a parte diminuta

que corresponde a insignificância do meu esforço, confesso com prazer que ainda não tive um dia de arrependimento, e que só a força das circunstâncias me afastará da carreira começada. Vê, pois, se me será ou não muito grato que o teu nome se ache à frente de uma empresa que tem por fim realizar ideias sobre as quais tanto fraternizamo-nos.

O *Correio Mercantil,* de propriedade de Joaquim Alves Branco Muniz Barreto e filhos, tinha como redator-chefe Francisco Otaviano de Almeida Rosa, o tal da "branca nuvem", e que era genro do velho Barreto. Jornal de larga tradição liberal, era então o abrigo dos homens de letras e, politicamente, o mais importante dos diários da Corte, representando na imprensa fluminense "o amor da Pátria não movido de prêmio vil", como falava o poeta que acabou senador.

Muniz Barreto abriu os braços a Manuel Antônio de Almeida, que conseguiu um emprego efetivo na oficina do jornal, que era na rua da Quitanda, 55. Natureza expansiva, imaginação brilhante, afetuosidade leal, parece que foi pau para toda a obra em matéria de redação, pois é Francisco Otaviano quem diz: "Adivinhava com alguns momentos de atenção tudo o que não estudara e escrevia sobre assuntos examinados de relance como se de longo espaço os tivesse aprofundado"; e Araújo Porto Alegre confirmava, "entre os seus colegas de imprensa era Manuel Antônio de Almeida o que mais esclarecia os assuntos e com mais facilidade encontrava o fio no drama das discussões".

* * *

Continuava estudando e, a 12 de novembro de 1852, conseguia mais uma aprovação *nemine discrepante,* enfrentando a banca composta de José Bento da Rosa, Joaquim José da Silva e João José de Carvalho. Tivera como professores nesse quarto ano: José Bento da Rosa, em patologia externa; Joaquim José da Silva, em patologia interna; Luís da Cunha Feijó, em partos, moléstias de mulheres pejadas e paridas e de meninos recém-nascidos; e Manuel Feliciano Pereira de Carvalho, em clínica externa.

* * *

Até 1852, o *Correio Mercantil* aparecia aos domingos inteiramente em francês e trazia mesmo no cabeçalho a seguinte indicação — *"journal quotidien paraissant en français le dimanche seulement".* Mas afinal já era luxo bastante, e o requinte foi substituído por um suplemento de muito mais importância — "A Pacotilha", uma publicação partidária que se tornou célebre e temida pela pontualidade, pela crítica pungente, pelo vigor e pelo espírito enérgico de muitos de seus artigos. Era em prosa e verso, por vezes ocupou toda a primeira página do jornal, e durou cerca de três anos: nos últimos tempos saía às segundas-feiras, atrasando-se não raro para as terças-feiras.

* * *

Antônio César Ramos era um homem que tivera o seu passado de aventuras. Português, viera como soldado para a guerra da Cisplatina em 1817, engajado no regimento de Bragança. Servira depois nas milícias da Corte, sob as ordens do major Vidigal, que seria personagem das *Memórias*, tendo chegado a sargento, posto em que se reformou. Como o soldo de reformado era pequeno, meteu-se no escritório do *Correio Mercantil*, onde chegou a chefe, passando mais tarde para o escritório do *Diário do Rio de Janeiro*, mais conhecido por *Diário do Rio* e sempre merecedor da melhor estima e do mais alto apreço dos companheiros de imprensa e dos homens de literatura e da política. Alto, teso, era criatura de muito bom gênio, muito conservador, fértil em casos da sua vida de soldado, e muito prestativo. Foi ele quem, já sexagenário, animou Manuel Antônio de Almeida para escrever qualquer coisa de fôlego que melhor servisse aos interesses de "A Pacotilha", uma história que despertasse entusiasmo entre os leitores. E foi atendendo, parece, à insistência do amigo, que, em 1852, em plena luta das paixões políticas, Manuel Antônio de Almeida, aos 21 anos de idade, começou despretensiosamente a escrever as *Memórias de um sargento de milícias*, que na verdade, como acentuou José Veríssimo, deveriam se chamar *Memórias de um menino que foi sargento de milícias,* pois que terminam exatamente quando o herói é feito sargento daquela corporação, utilizando os conhecimentos que do tempo do Rei tinha o "velho César", como todos o chamavam.

* * *

O pai de Béthencourt da Silva, José Joaquim da Silva, era português e marceneiro. Sua casa ficava na Lapa e nela reuniam-se Domingos Jacy Monteiro, um excelente biógrafo de Álvares de Azevedo, Antônio Ferreira Pinto, que fez nome na medicina, Laurindo Rabelo, o poeta do "Adeus ao mundo" — e que era conhecido por "Poeta Lagartixa", apelido que o enraivecia — e os dois Manecos: Manuel Duarte de Azevedo, que atingiu culminâncias na política, e o nosso Manuel Antônio de Almeida, que tinha "a palavra fácil e correta, a voz sonora e agradável, e era juiz, censor e mestre da rapaziada".

Ferreira Pinto declamava, Laurindo Rabelo tocava violão, cantava fados e lundus, improvisando muitos como bom repentista que era. E tremendas discussões eram travadas sobre política, literatura, arte, ciência e, principalmente, mulheres, "que nessa idade a mulher é o assunto dos assuntos", escreve Múcio Teixeira na introdução que fez para *Dispersos e bosquejos literários*, de Joaquim Francisco Béthencourt da Silva, trabalho no qual há várias e curiosas referências à mocidade de Manuel Antônio de Almeida. Às vezes a baderna chegava a tal ponto que a tolerante mãe de Béthencourt da Silva, dona Saturnina do Carmo Béthencourt da Silva, se via na necessidade de intervir:

— Basta de tanto barulho! Que "república" é esta?!... gritava.

"República", como se vê, era uma palavra tremenda. Significava confusão, barulheira, anarquia, ou, como melhor dizemos hoje, bagunça.

Com a ralhação, a tempestade serenava para recrudescer depois. E era no meio desse alarido que Manuel

Antônio de Almeida ia compondo muitos capítulos das *Memórias*, em posição bem extravagante — esticado numa marquesa, com preguiça de mudar a horizontal atitude, punha o chapéu alto sobre o ventre e em cima dele ia enchendo a lápis as suas tiras de papel, indiferente às risadas dos companheiros, sem dar grande importância ao seu trabalho, que nem era assinado, cujos capítulos muitas vezes traziam a numeração errada ou repetida, e cujas últimas linhas, em outras vezes, sem nenhuma separação, se misturavam com as mais cruéis mesquinharias políticas de que "A Pacotilha" era fértil.[15]

O romance ia saindo, portanto, em capítulos que Joaquim Manuel de Macedo, o inefável autor de *A moreninha*, chamava superiormente de artigos. Como a ação do romance se passava alguns anos antes do nascimento do autor, embora que muitos dos tipos e costumes fixados tivessem chegado até ele, seu dom de realismo era tão grande — simplesmente divinitório, diz Agripino Grieco, se considerarmos que em 1854 Gustave Flaubert ainda não havia publicado o *Madame Bovary* — que as *Memórias* foram atribuídas, como nos informa Béthencourt da Silva, "a gente de outro tempo, conhecedora das coisas que haviam descido, no vertiginoso correr dos anos, à escura noite de nossa existência colonial". É que o velho sargento Antônio

César Ramos fora um precioso informador e ainda viviam muitos velhos daquele tempo, amantes de recordar as coisas do passado.

Despertou, portanto, interesse o romance, e daí a Manuel Antônio a ideia de publicá-lo em livro, o que fez adotando o processo de assinaturas, muito usado na época. Saiu em dois volumes, o primeiro em 1854, com 142 páginas, o segundo em 1855, com 159 páginas, impresso na Tipografia Brasiliense, de Maximiano Gomes Ribeiro, à rua do Sabão, 114, e agora assinado por "Um Brasileiro", o que não deixava de ser uma concessão ao espírito de brasileirismo então imperante, espírito bem falso, aliás. Trazia alterações no texto, e a ordem dos capítulos foi modificada.[16] O importantíssimo cotejo, entre o texto das *Memórias* estampado em jornal e o da primeira edição, tem o seu único estudo até agora feito por Darcy Damasceno e publicado na *Revista Brasileira de Filologia* de dezembro de 1956. Trata-se, contudo, do início de um trabalho capital, que está para ser concluído pelo grande estudioso da nossa estilística.

Mas tal publicação teve uma aceitação muito relativa. A tiragem foi pequena e não encontrou assinantes para esgotá-la. É o que se deduz do pequeno anúncio publicado no *Correio Mercantil* de 13 de abril de 1855: "*Memórias de um sargento de milícias*. — Achando-se terminada a distribuição pelos assinantes deste curioso romance, vendem-se os exemplares que sobraram unicamente na tipografia desta folha. Custam 2$000 os dois volumes em brochura." Em vão, Manuel Antônio terminaria o pequeno anúncio em negrito: "Previne-se que a edição acha-se quase esgotada." Em vão. As *Memórias* não se esgotaram, perderam-se no fundo da redação, comidas pelos ratos ou pelo mofo, não constituíram em livro um sucesso literário, embora merecessem as honras de uma edição clandestina, lançada em 1862, em Pelotas, pela Tipografia do Comércio, de Joaquim F. Nunes. Sucesso literário era o que conseguia José de Alencar publicando *O Guarani* em folhetins, no *Diário do Rio,* ao tempo em que saía em livro a segunda parte das *Memórias*. Sucessos eram os romances do já aludido Joaquim Manuel de Macedo, "o autor literário que no Brasil teve maior número de edições para as suas obras e foi, incontestavelmente, o escritor brasileiro mais lido na segunda metade do século passado", conforme escreve o insuspeitado Salvador de Mendonça, no *Imparcial* de 9 de março de 1913. Sucessos eram os romances do fecundo Teixeira e Souza, patacoadas que esgotavam edições e das quais hoje ninguém mais se lembra. Não teve o beneplácito da crítica, nenhuma revista literária falaria delas, e não eram tão poucas como poderá se supor. Aquilo não era literatura, concordariam. Como muito bem acentua Darcy Damasceno, "feria duplamente o gosto literário do momento: primeiro, opondo ao sentimental o humorismo; segundo, levantando contra a retórica e espontaneidade da linguagem afetiva". Vinte anos depois, o fatal Macedo ainda considerava as *Memórias* "um estudo ameno e preciso de antigos costumes do país e de coisas nele passadas", e Béthencourt da Silva, o amigo mais fiel de Manuel Antônio, também em 1876, mostrava que era mais amigo do autor que admirador do romance, obra "de poucas páginas", onde "o talento de Manuel Antônio de Almeida apenas de leve se estampou" — nele "não se encontram, decerto, as belezas, às vezes maléficas, de Eugênio Sue (*sic*!), nem o abrasileirado de José de Alencar e outros escritores nossos". Diz Xavier Marques:

> Os livros também correm os seus fados. O destino deste fê-lo quase despercebido da geração a que pertenceu o autor, e talvez pelas mesmas causas que o tornaram interessante aos olhos dos pósteros. Os historiadores das letras, quando não o desconhecem, apenas o mencionam. Ferdinand Wolf, que consagra um capítulo à introdução do romance na literatura

brasileira, arrolou-o simplesmente, fora do texto, entre outros que só conhecia de citação. Registra-o Inocêncio da Silva, mas com o critério de bibliognosta. Fernandes Pinheiro e Sotero dos Reis nem notícia tiveram, ao que parece, da existência do romancista.

Porque a ideia literária era então inteiramente outra, mesmo na Europa que foi sempre o nosso figurino, e onde só alguns anos mais tarde, como já se acentuou, surgiria o naturalismo. Mas Manuel Antônio de Almeida, como muito bem disse Pedro Dantas, não foi para o Brasil apenas o precursor do naturalismo, foi principalmente o precursor do romance moderno, e é nele que vamos encontrar a legítima ascendência literária de um Antônio de Alcântara Machado e de um Arnaldo Tabaiá, mortos igualmente pouco depois dos 30 anos.

* * *

O período da minoridade foi uma época extremamente sobressaltada, cheia de revoluções e de experiências políticas. As correntes exaltadas, que levaram o país às atitudes de que resultou o 7 de Abril, continuaram a agir, ora às claras, ora ocultamente, pondo à prova o patriotismo e a experiência dos regentes. A figura de maior relevo desse tempo é indiscutivelmente a do padre Diogo Antônio Feijó. De formação cristã, embora temperada pelo liberalismo do século XIX, mostrava-se em política receoso de inovações precipitadas. Deve-se às suas qualidades de energia e resolução o sufocamento dos motins republicano-militares que ocorreram na capital depois da abdicação, e contra os quais também ficaram patentes a energia e o alto senso patriótico do regente general Francisco de Lima e Silva, Barão da Barra Grande, que soube sempre colocar os interesses da pátria acima de tudo.

Além dos motins no Rio de Janeiro, que se tornara um verdadeiro centro de anarquia, houve outros nas províncias. Em Pernambuco a "setembrada", em 1831, a "abrilada", em 1832, a "cabanada", que começou em 1832 e só foi sufocada em 1835. Na Bahia, a "sabinada", em 1837. No Maranhão, a "balaiada", em 1838. No Rio Grande do Sul, a revolta dos "farrapos", verdadeira guerra civil, que rebentou em 1835 e só foi terminar em 1845!

Nesse período, com a reforma da Constituição, denominada Ato Adicional, em 1834, deu-se mais autonomia às províncias, com a criação das assembleias provinciais, que era um esboço de federalismo, e a eleição direta do regente, que era como que uma experiência de república. Porém o senso conservador das nossas elites dirigentes não se deixou desvairar, e na eleição do regente Pedro de Araújo Lima, mais tarde Marquês de Olinda, demonstrou à nação a sua preferência pelas tendências tradicionais, e que ainda estava bem vivo o velho espírito de lealdade monárquica.

E foi em período de tamanha agitação de ideias que se abriu para o Brasil a reação romântica que encontrava na alma brasileira o substrato psicológico de uma formação mestiça, onde colidiam tendências ancestrais opostas, e daí um certo ecletismo de emoções favoráveis à adoção de ideias mais ou menos díspares, o que constituiu o nosso liberalismo.

Abriu o novo movimento Domingos José Gonçalves de Magalhães, depois Visconde de Araguaia, com um artigo na revista *Niterói* e posteriormente com o seu *Suspiros poéticos e saudades,* publicado em Paris, em 1836, e que, entre parênteses, não deixa saudades a ninguém, pois, como já acontecera com a *Prosopopeia,* fora o seu valor histórico, é bem chocho o seu valor literário.

Mas tanto ele quanto os que o acompanharam, Manuel de Araújo Porto Alegre — Barão de Santo Ângelo —, Antônio Gonçalves Teixeira de Souza, João Manuel Pereira da Silva, Francisco Adolfo de Varnhagen

— Visconde de Porto Seguro —, Joaquim Norberto de Souza e Silva, Francisco Sales Torres Homem, um dos espíritos mais respeitados no momento, e outros, se eram animados dos melhores intuitos literários e procuravam guiar as novas gerações num sentido que lhes parecia mais adequado às tendências nacionais, não faziam senão seguir inconscientemente as pegadas do romantismo europeu, convencidos sinceramente de que estavam fazendo brasileirismo. Os índios e negros que perpassam pelos trabalhos da época parece que saíram de Paris e de Londres para virem pousar academicamente em torno da estátua que Rochet fundiu para o fundador da nacionalidade. E nessa ingenuidade, que se prolongou até 1870, quando o romantismo com bastante atraso deu os últimos suspiros da agonia, tivemos um punhado de escritores que cultivaram como José de Alencar e Gonçalves Dias um indianismo de ópera, aliado a um sentimentalismo convencional e enfeitado, que alguns críticos teimam em considerar como manifestação espontânea da alma brasileira. É, certo, uma opinião própria, talvez apenas objetiva, que não convido ninguém a partilhar. Mesmo espíritos mais avisados como Manuel Bandeira acham que não é verdade e citam o grande Capistrano de Abreu:

O indianismo, longe de ser planta exótica maltransplantada pelos românticos, tinha raízes fundas em nossa literatura. A idealização do índio correspondia perfeitamente ao sentimento nacional. É anterior ao romantismo e não desapareceu com ele.

De qualquer sorte, em ambiente de tamanha falta de originalidade, num meio dominado pelo espírito de Chateaubriand, Lamartine, Victor Hugo, Longfellow, Byron e Cooper, é realmente para assombrar o aparecimento de Manuel Antônio de Almeida, corajosamente rompendo com as convenções literárias vigentes, trazendo pela primeira vez qualquer coisa de novo e original para a nossa literatura, fenômeno que infelizmente muito poucas vezes se repetiu. Seu livro é como que um grito de reação — grito inconsciente, grito primitivo, grito que não teve eco! — contra o domínio da hiperestesia romântica e piegas que tudo invadiu, não poupando nem mesmo os artigos da Constituição. Em pleno convencionalismo romântico, ele próprio um romântico, escreve José Osório de Oliveira, observa como um naturalista; contra a ênfase tão cara aos literatos brasileiros e contra o seu culto da forma, escreve com simplicidade e despreocupação, sendo o primeiro a escrever aproximadamente como se fala no Brasil, linguagem coloquial que, como convém a um autêntico escritor, harmoniosamente se mescla a "efeitos vocabulares e de torneio fraseológico, de evidente intenção" e, "é preciso não esquecer, com razoável herança de moedas do melhor quilate de casticismo e de respeitável antiguidade", como anota Antônio Soares Amora na "Introdução" que fez para uma edição portuguesa do romance.

Um sadio, simples e constante bom humor, bebido talvez nas melhores fontes do romance picaresco peninsular — e Josué Montello acredita terem sido o *Estebanillo Gonzales* e o *Lazarillo de Tormes* os seus mais diretos modelos —, marca a sua obra, linha por linha. Com um dom raro de espontaneidade, jamais igualado nas nossas letras, "não cortava as dificuldades com meia dúzia de lugares-comuns dissaboridos, ia ao encontro delas, atacava-as de frente, sem rodeios nem rebuços", como anota Ronald de Carvalho na sua *Pequena história da literatura brasileira*. Seus personagens são gente que vive sem indagar as razões das coisas, sem complicações, movendo-se no plano de uma existência puramente instintiva. Nada têm de convencional e atoleimado. Foram todos fixados do natural; são quase gente de carne e osso. Leonardo, o futuro sargento de milícias, que parecia malsinado, mas que sempre encontrava um rabo de saia para protegê-lo;

o meirinho Leonardo Pataca, pai do herói, "rotunda e gordíssima personagem de cabelos brancos e carão vermelho", que, portador de grande cópia de fluido amoroso, "não podia passar sem uma paixãozinha"; a Maria da Hortaliça, mãe do herói, saloia rechonchuda, decidida e infiel; a comadre, "excessivamente gorda, bonachona, ingênua ou tola até certo ponto", que "vivia do ofício de parteira, benzia de quebranto" e era de todos conhecida como "a mais desabrida papa-missas da cidade"; o compadre barbeiro, alma boa com velhos pecados na consciência e cego para todos os defeitos do afilhado; o sacristão da Sé, "sujeito alto e magro e com pretensões de elegante"; Luisinha, flor feia que o amor tornou bela; o mestre de rezas, cego muito afamado pelo seu excessivo rigor para com os discípulos e por consequência um dos mais procurados na cidade; o mestre de cerimônias, padre de meia-idade que, se "por fora era um completo São Francisco de austeridade católica, era por dentro refinado Sardanápalo, que podia por si só fornecer a Bocage assunto para um poema inteiro"; o "toma-largura", da ucharia real; o velho tenente-coronel; a vizinha do compadre, terrível viúva, "valentona, presunçosa, amiga de contrariar", gabando-se de não ter papas na língua e "importunando a todo mundo com as virtudes do seu defunto"; dona

Maria, que "tinha bom coração, era benfazeja, devota amiga dos pobres, porém, em compensação destas virtudes, tinha um dos piores vícios daqueles tempos e daqueles costumes: a mania das demandas, e como era rica alimentava esse vício largamente"; o José Manuel, que, "se tinha alguma virtude, era a de não enganar pela cara, quem o olhasse assinalava-lhe logo um lugar distinto na família dos velhacos de quilate", e que "entre todas as suas qualidades possuía uma que infelizmente caracterizava naquele tempo e talvez ainda hoje, positiva e claramente, o fluminense — a maledicência";[17] o boticário, que praticava também de médico; o Tomás, ex-sacristãozinho da Sé; o lendário major Vidigal, o terror dos vagabundos e das súcias;[18] o desordeiro Chico Jucá, um dos desesperos do major; Chiquinha, filha da comadre, e último arranjo do sentimental Leonardo Pataca; o divertido Teotônio, tipo perfeito do capadócio; Maria Regalada, um velho amor do major, e que sobre ele exercia decidida influência. Mas há uma personagem, sobretudo, que toca fundo a nossa mole sensibilidade, que nunca mais sai das nossas amáveis recordações. É uma figurinha deliciosa, cujo nome é tão delicioso quanto a figura — Vidinha.

Era uma mulatinha de 18 a 20 anos, de altura regular, ombros largos, peitos alteados, cintura fina e pés pequeninos. Tinha olhos muito pretos e muito vivos, os lábios grossos e úmidos, os dentes alvíssimos e a fala um pouco descansada, doce e afinada. Cada frase que proferia era interrompida por uma risada prolongada e sonora e com certo caído de cabeça para trás... Além do costume das risadas, tinha Vidinha um outro e era o de começar tudo que tinha a dizer por um *qual* muito acentuado.

Tocava viola e cantava modinhas, tão monótonas como tristes — "Se os seus suspiros pudessem", "Quando as glórias que eu gozei".[19] Sem ter os famosos olhos de ressaca, movediça e leve, era uma formidável namoradeira essa irmã mais velha de Capitu.

* * *

Com aquela sabedoria musical que todos reconhecem, Mário de Andrade acha que Manuel Antônio de Almeida era musicalíssimo — preocupado com a ópera, com a fisiologia da voz e com a versalhada dos libretos. "O romance está cheio de referências musicais de grande interesse documental. Enumera instrumentos, descreve danças, conta o que era a *música de barbeiros,* nomeia as modinhas mais populares do tempo." Falando do primeiro capítulo onde há a festa de batizado do pequeno Leonardo, cita o trecho: "Os convidados do dono da casa, *que eram todos de além-mar,* cantavam o desafio, segundo seus costumes; os convidados da comadre, *que eram todos da terra,* dançavam o fado." E não sabe como lhe escapou documentação tão preciosa quando escreveu seu estudo sobre as origens do fado, trabalho em que reivindicava para o Brasil ser o berço dessa dança cantada, portuguesa por excelência.

E é interessante constatar que, no Brasil, quem queira conhecer pormenorizadamente os nossos costumes e ambiente social do século XIX tenha de apelar sistematicamente para o depoimento dos visitantes estrangeiros. Só nos seus livros de viagem encontramos nós valiosos subsídios, porque os escritores patrícios nada nos mostram da vida real. Todos eles pairam numa atmosfera de sonho, de febril fantasia, de mataria cenográfica ou de alcovas de cetim escondendo virgens pálidas. Como única exceção temos Manuel Antônio de Almeida, que parece completar as obras de Debret, de Rugendas e de Ender. Seu livro é um esplêndido manancial para quem quiser conhecer o que foi a vida da cidade na época mais ou menos compreendida entre os anos de 1808 e 1820, pois o romance se passa

73

no tempo do rei, quando o Rio de Janeiro, que tinha pouco mais de sessenta mil habitantes, vinte por cento dos quais eram escravos, foi invadido pela corte portuguesa que fugira aos exércitos napoleônicos que acometeram o reino.

* * *

Quantas coisas ele nos conta do tempo do rei!

"O canto dos meirinhos" ficava num dos pontos mais buliçosos da cidade — o cruzamento da rua do Ouvidor com a rua da Quitanda — e assim se chamava por ser "aí o lugar de encontro favorito de todos os indivíduos desta classe", que gozava então de não pequena consideração — "gente temível e temida, respeitável e respeitada", que formava "um dos extremos da formidável cadeia judiciária que envolvia todo o Rio de Janeiro no tempo em que a demanda era entre nós um elemento de vida". E os meirinhos não se confundiam com ninguém, eram originais — "nos seus semblantes transluzia um certo ar de majestade forense, seus olhares calculados e sagazes significavam chicana". Suas roupas eram específicas: "sisuda casaca preta, calção e meias da mesma cor, sapato afivelado, ao lado esquerdo aristocrático espadim, e na ilharga direita penduravam um círculo branco, cuja significação ignoramos, e coroavam tudo isto por um grave chapéu armado".

Existiam

> em certas ruas desta cidade cruzes negras pregadas pelas paredes de espaço em espaço. Às quartas-feiras e em outros dias da semana saía do Bom Jesus e de outras igrejas uma espécie de procissão composta de alguns padres conduzindo cruzes, irmãos de algumas irmandades com lanternas, e povo em grande quantidade; os padres rezavam e o povo acompanhava a reza.

Era a via-sacra do Bom Jesus. "Em cada cruz parava o acompanhamento, ajoelhavam-se todos, e oravam durante muito tempo." Não só devotos, mas também gaiatos acompanhavam o rabo da procissão, praticando brincadeiras maldosas.

O Oratório de Pedra, que ficava na esquina das atuais ruas da Alfândega e do Regente, era um ponto célebre de parada dessas procissões noturnas.

> Quando passava a via-sacra e que se acendia a lâmpada do oratório, o pai de família que morava ali pelas vizinhanças tomava o capote, chamava toda a gente de casa, filhos, filhas, escravos e crias, e iam

fazer oração ajoelhando-se entre o povo diante do oratório. Mas se acontecia que o incauto devoto esquecia da filha mais velha que se ajoelhava um pouco mais atrás e embebido em suas orações não estava alerta, sucedia-lhe às vezes voltar para casa com a família dizimada: a menina aproveitava-se do ensejo, e sorrateiramente escapava-se em companhia de um devoto que se ajoelhara ali perto, embrulhado no seu capote, e que ainda há dois minutos todos tinham visto entregue fervorosamente às suas súplicas a Deus.

O incidente não era mais que a oportuna "execução do plano concertado na véspera ao cair de ave-marias, através dos postigos da rótula". Outras vezes os casos eram mais graves:

quando estavam todos os circunstantes entregues à devoção, e a ladainha entoada a compasso enchia aquele circuito de contrição, ouvia-se um grito agudo e doloroso que interrompia o hino; corriam todos para o lugar de onde partira, e achavam um homem estendido no chão com uma ou duas facadas.

Se as vias-sacras eram uma espécie de procissão, havia procissões que eram procissões mesmo pelo luxo e pela pompa, e nesses dias de festa a cidade se enchia "de lufa-lufa, de movimento e de agitação", grande povo na rua, enfeitadas as janelas de "magníficas colchas de seda, de damasco de todas as cores", e em cada canto elevando-se coretos. As procissões "da quaresma eram de uma pompa extraordinária, especialmente quando el-rei se dignava acompanhá-las, obrigando toda a corte a fazer outro tanto". A mais destacada, porém, era a procissão chamada "dos ourives".

> Ninguém ficava em casa no dia em que ela saía, ou na rua ou nas casas dos conhecidos e amigos que tinham a ventura de morar em lugar por onde ela passasse, achavam todos meio de vê-la. Alguns havia tão devotos que não se contentavam vendo-a uma só vez; andavam de casa deste para a casa daquele, desta rua para aquela, até conseguir vê-la desfilar de princípio a fim duas, quatro e seis vezes, sem o que não se davam por satisfeitos.

Essa procissão tinha uma coisa que as outras pro-cissões não tinham —

> um grande rancho chamado das "baianas", que cami-nhava adiante da procissão, atraindo mais ou tanto quanto os santos, os andores, os emblemas sagrados, os olhares dos devotos; era formado esse rancho por

um grande número de negras vestidas à moda da província da Bahia, donde lhe vinha o nome, e que dançavam nos intervalos dos *Deo-gratias* uma dança lá a seu capricho.

A maneira que as baianas se vestiam é fielmente descrita, maneira que até hoje praticamente não se alterou:

não usavam vestidos; traziam somente umas poucas de saias presas à cintura, e que chegavam pouco abaixo do meio da perna, todas elas ornadas de magníficas rendas; da cintura para cima apenas traziam uma finíssima camisa, cuja gola e mangas eram também ornadas de renda; ao pescoço punham um cordão de ouro ou um colar de corais, os mais pobres eram de miçangas; ornavam a cabeça com uma espécie de turbante a que davam o nome de "trunfas", formado por um grande lenço branco muito teso e engomado; calçavam umas chinelinhas de salto alto e tão pequenas que apenas continham os dedos dos pés, ficando de fora todo o calcanhar; e além de tudo isto envolviam-se graciosamente em uma capa de pano preto, deixando de fora os braços ornados de argolas de metal simulando pulseiras.

Outra festa destacada na vida da cidade era a do Espírito Santo, que começava nove dias antes do domingo marcado pela folhinha; a sua primeira manifestação eram as Folias, quando saía pelas ruas

um rancho de meninos, todos de 9 a 11 anos, caprichosamente vestidos à pastora: sapatos de cor-de-rosa, meia branca, calção da cor do sapato, faixas à cintura, camisa branca de longos e caídos colarinhos, chapéus de palha de abas largas ou forrados de seda, tudo isto enfeitado com grinaldas de flores, e com uma quantidade prodigiosa de laços de fita encarnada. Cada um destes meninos levava um instrumento pastoril em que tocavam, pandeiro, machete e tamboril. Caminhavam formando um quadrado, no meio do qual ia o chamado imperador do Divino, acompanhados por uma música de barbeiros, e precedidos e cercados por uma chusma de irmãos de opa levando bandeiras encarnadas e outros emblemas, os quais tiravam esmolas enquanto eles cantavam e tocavam.

O imperador ia no meio.

Ordinariamente era um menino mais pequeno que os outros, vestido de casaca de veludo verde, calção de igual fazenda e cor, meias de seda, sapatos afivelados, chapéu de pasta, e um enorme e rutilante emblema do Espírito Santo ao peito; caminhava pausadamente e com ar grave.

As festividades do Espírito Santo terminavam na Lapa ou no Campo de Santana com leilão de prendas e fogos de artifício, e o Campo se cobria de ranchos "sentados em esteiras, ceando, conversando, cantando modinhas ao som da guitarra e viola", na longa espera da queimação de fogos, depois da qual se dava a imediata debandada dos festeiros.

O que fica principalmente patenteado na descrição dos costumes fluminenses é o gosto natural pelos divertimentos coletivos: não havia um dia que não fosse dia de festas — religiosas, profanas, públicas e particulares. Não faltavam pretextos para brincadeiras e patuscadas. Súcias de rapazes e raparigas se juntavam frequentemente, nos arredores da cidade, "em romarias consagradas ao prazer, que eram então comuns e tão estimadas". Bailes e bailaricos, funções, como se dizia, havia-os aos três por dois. E nas noites de luar, "os que não saíam a passeio sentavam-se em esteiras às portas, e ali passavam longas horas em descantes, em ceias, em conversas, muitos dormiam a noite inteira ao relento". E esta bem assinalada tendência sem dúvida poderá levar-nos à compreensão do espírito rueiro, malandro, alegre e carnavalesco do carioca dos nossos dias.

* * *

Antigamente todos os dias carnavalescos eram *magros*, e a chamada terça-feira *gorda,* que é o dia dos préstitos, é de calendário relativamente novo. Se em 1854 a Polícia conseguira acabar completamente com o Entrudo, o carnaval de 1855 fica assinalado por um acontecimento momesco sensacional — é nele que se iniciam os préstitos na vida da grande festa carioca. Não foi bem um préstito alegórico, pela ausência de carros cenográficos, foi mais uma passeata com carros adornados de flores, atirando flores na passagem, pois não havia ainda nem confetes nem serpentinas, mas ricos de fantasias — "árabes, escoceses, Carlos Magnos, pajens de Francisco I e até um Deus Momo". Abria o cortejo uma banda de música uniformizada de cossacos da Ucrânia, vindo a seguir o carro com o estandarte do clube empunhado por um d. Quixote, e distribuía-se um "Decreto" impresso, repleto de facécias. E não desfilou na terça-feira, fê-lo no domingo, 18 de fevereiro, o precursor dos nossos préstitos alegóricos. Mas foi precursor também do atraso no desfile — marcado para as três horas, só às cinco passava pelo Paço, onde o aguardava d. Pedro II, que aquiescera em descer da Quinta da Boa Vista para assisti-lo, e à frente de toda a família imperial. E devemos a iniciativa à nossa primeira sociedade carnavalesca, fundada naquele ano, sob o nome assaz pomposo de "Congresso das Sumidades Carnavalescas". Da diretoria faziam parte os jovens José de Alencar, Francisco Pinheiro Guimarães, Henrique César Muzzio, Augusto de Castro, Ramos de Azevedo e Manuel Antônio de Almeida, redatores do *Correio Mercantil,* jornal que muito se empenhou para o brilhantismo do novo Carnaval.

E o estudante de medicina vence o quinto ano, tendo como professores José Joaquim da Silva, em patologia interna; Cândido Borges Monteiro, em anatomia topográfica, medicina operatória e aparelhos; João José de Carvalho, em matéria médica e terapêutica; e Manuel Joaquim do Valadão Pimentel, em clínica interna. Mas como não foram encontradas as atas de exame e como o curso se fazia em seis anos, fica-se sem saber se o ano perdido foi o de 1853 ou 1854, e por que razões se verificou o atraso, embora não acreditemos que tivesse sido por reprovação, dados os seus antecedentes e a suficiência com que se houve no derradeiro ano.

A 15 de novembro de 1855 faz os seus últimos exames do curso, ainda com *nemine discrepante,* tendo como examinadores Tomás Gomes dos Santos, Manuel Maria de Morais e Vale e Antônio Gabriel de Paula Fonseca. Seus derradeiros professores foram Tomás

Gomes dos Santos, em higiene e história da medicina; Francisco Ferreira de Abreu, em medicina legal; Manuel Maria de Morais e Vale, em farmácia; Manuel Joaquim do Valadão Pimentel, em clínica interna; e Luís da Cunha Feijó, em clínica de partos.

A 20 de dezembro, numa sala do edifício da Escola Militar,[20] perante a congregação da Faculdade, presidida por S. S. M. M. os Imperadores, sustenta a tese de doutoramento que fora considerada a 15 de setembro conforme os estatutos, pelos doutores José Ribeiro de Souza Fontes, Francisco José de Canto e Melo Mascarenhas e Ezequiel Correia dos Santos.

A defesa de tese era solenidade indispensável naqueles empolados mas bem melhores tempos, e a tese era sempre composta de breves proposições, dominando vários assuntos relativos a diversas cadeiras do curso. A sua, impressa nas oficinas do *Correio Mercantil,* embora fraca, como quase todas as daquela época, tinha contudo uma originalidade — não trazia dedicatória, caso único em mais de quatrocentas teses examinadas. Em contrapeso nota-se a preocupação de citar e agradar o diretor, dr. José Martins da Cruz Jobim, e em certo ponto ele baseia sua opinião no fato de que a apreciação de certo fenômeno não poderia "ter escapado ao dr. Jobim".[21]

Compunha-se de quatro proposições. A primeira era uma dissertação na qual abordara o mal patrício da opilação: "A moléstia vulgarmente chamada opilação será clorose? Suas causas e tratamento." E ele assim a inicia:

> Vamos estudar separadamente as duas moléstias de cuja identidade se fez questão na primeira parte do ponto. Compararemos depois a história de uma com a outra; não há, por certo, meio mais seguro de chegarmos à solução pedida, se uma solução for possível.

E concluiu pela não identidade das duas moléstias. Mas duas observações interessantes se podem assinalar nesse capítulo, ilustra Waldemar Berardinelli: a primeira

> é de que uma das causas predisponentes da opilação ou hipoemia intertropical (ancilostomose) é o uso exclusivo de féculas, como a farinha de mandioca, o milho etc. — hoje ninguém duvida da importância do fator alimentar na patogenia dos fenômenos clínicos da ancilostomose e, sobretudo, da deficiência proteica;

a outra

se refere a uma experiência do sr. dr. Jobim, que extraiu nove onças de sangue de um hipoêmico e onze de um paralítico — as onze onças de sangue do paralítico deram duas de serosidade e nove de coágulo; as nove do hipoêmico deram seis e meia de serosidade e duas e meia de um coágulo pouco consistente. Ora, assim procedendo, Jobim observava de modo grosseiro um dado a que se dá bastante importância na moderna hematologia.

A segunda proposição, "Da cicuta considerada terapêutica e farmacologicamente", tinha 12 respostas e mereceu referências posteriores de Ezequiel Correia dos Santos e Manuel Faria e Vale. A terceira, *"Hidrorachis* com *spina bifida",* não apresenta qualquer interesse. E a quarta tinha também 12 respostas, sendo que a última versava sobre medicina legal, que parece estava em moda no tempo, tantas eram as teses que dela se ocupavam: "Será mais conveniente que um escrivão ou o próprio médico escreva o seu relatório sobre o corpo de delito ou outro qualquer assunto médico-legal? Quais as regras que devem presidir a confecção de um relatório." Nela, mostrando-se cioso do valor da profissão, escreveu: "O médico, em virtude do seu grau, tem um caráter oficial que dispensa intervenção de qualquer funcionário para autenticar uma peça de que ele é o único responsável." E acrescenta adiante: "Devem os relatórios ser redigidos com a maior clareza, cortando-se, quanto possível, o emprego de termos técnicos, uma vez que deles têm de fazer uso pessoas de ordinário alheias à ciência." E a tese era arrematada com uma praxe a que Manuel Antônio de Almeida não fugiu — uma seleção de aforismos de Hipócrates:

I. *Somnus, vigilia, utraque modum excedentia malum.*

II. *Lassitudines sponte abortae morbos denunciant.*

III. *Mulieri, menstruis deficientibus, sanguis e naribus profluen bonum est.*

IV. *Si fluxui mulieris convulsio, et deliquium superveniat, malum.*

V. *In morbis acutis extremarum partium frigus, malum.*

VI. *Mulieri menses decolores, nec eodem semper modo et tempore producentes, purgationem indicant esse necessariam.*[22]

Aprovada a tese, punha no anular o grau de doutor, o último ano que o anel simbólico dos médicos trazia um busto de Hipócrates, pois a partir de 1856, por proposta do professor Dias da Cruz, adotou-se a esmeralda.[23] Foram seus colegas de turma: João Maria Lopes da Costa, Saturnino Soares de Meireles, Luís da Silva Brandão, Antônio Justino da Silveira Machado, José Pelidreano Martins da Silva, José Joaquim de Gouveia, Antônio José de Souza Rego, Lourenço Xavier Abreu Carneiro, Eduardo Augusto Pereira de Abreu, Miguel Alves Vilela, Cândido Manuel de Oliveira Quintana, Joaquim Corrêa de Figueiredo, Joaquim Hermenegildo da França, Balduíno Joaquim de Menezes, Diogo Antônio de Carvalho, José Olímpio Soares Ribeiro, João José Cardoso, José Joaquim Herédia de Sá, Manuel Vieira da Fonseca, Manuel da Silva Pereira, Olímpio Herculano Saraiva de Carvalho, "que proferiu o discurso de estilo por parte dos candidatos", Luís Januário da Silva, Custódio Cotrim da Silva, José Rodrigues de Oliveira Vereza, Francisco Augusto Pereira Lima, Joaquim José de Oliveira Mafra, Childerico Rodrigues dos Santos França Leite, Afonso Cordeiro de Negreiros Lobato, José Antônio de Freitas Lisboa, Francisco Vicente Gonçalves Pena, Francisco de Assis Mendes Ferreira, Fidêncio Pedroso Barreto de Albuquerque, João dos Santos Silveira, Manuel Veloso Paranhos Pederneira, Joaquim Antônio de Oliveira, Manuel Vieira de Melo, Rodrigo Antônio de Aragão Bulcão,

Francisco Antônio de Aguiar e Cunha, José Bonifácio Caldeira de Andrade. Fora seu nome, nenhum outro se guardou, salvo erro ou omissão.

* * *

Embora não conste nos livros da Faculdade que Manuel Antônio de Almeida tivesse tirado o diploma, aquele diploma que era dado "Em Nome, e sob os Auspícios do Muito Alto e Muito Poderoso Príncipe o Senhor d. Pedro II, Imperador Constitucional e Defensor perpétuo do Brasil", é certo que tentou abandonar a imprensa, que lhe proporcionava tão minguados proventos, para dedicar-se de alguma maneira à clínica. O meio, todavia, era extremamente difícil, não só pelo charlatanismo que imperava francamente, como pela desconfiança "dele ser poeta". Não se acreditava que se pudesse simultaneamente ser médico e amante das musas. Foi uma tentativa inglória, que a falta de vocação agravava. Se se empenhou, nada conseguiu. "Predestinado do infortúnio, a sua maior desgraça foi ter nascido com dotes tão elevados, tão superiores às naturezas vulgares, que nunca pôde ser compreendido pelo mundo que o cercava", escreveu Augusto Emílio Zaluar. E volta novamente à sua carteira do *Correio Mercantil* para as mesmas canseiras, as mesmas vigílias, os mesmos desesperos, pois entrara na vida, como ainda diz Zaluar, com a alma transbordante de crenças e o coração de nobres afetos, e é duro na realidade achar na vida prática invertido o sentido de quase todos os grandes princípios que a justiça e a moral eterna estabeleceram como bases do progresso e da felicidade humana.

É desses dias terríveis o único retrato que deixou, tirado na Fotografia de Carneiro & Smith, e no qual aparece como se tivesse mais idade.

Estatura mediana, tez muito branca, rosto ovalado, nariz bem-feito, olhos castanhos e profundos, testa ampla, para onde, às vezes, caíam-lhe rebeldes madeixas dos cabelos escuros e bastos, e que ele sacudia com impaciência, bigode grosso, escondendo os cantos da boca — nada tem de mestiço, é bem português. Mas a sua fisionomia — e quem nos diz é Béthencourt da Silva —, "com um quê dessa expressão intertropical que tanto caracteriza a nossa índole" e uma placidez um pouco triste, reflete bem aquela "alma imaculada", de que fala o amigo, alma irmã, generosa, complacente e delicada, "que, se deu algum desgosto aos seus amigos, não foi outro senão o da sua morte".

* * *

Em 1854, não existindo mais no *Correio Mercantil* "o pensamento que a fez nascer", Francisco Otaviano extinguiu "A Pacotilha", substituindo-a por um rodapé intitulado "Páginas Menores" e que se dizia, em subtítulo, "Revista".

As primeiras "Páginas Menores" saíram a 9 de julho, e Manuel Antônio de Almeida inaugura a nova seção com uma crônica — "A fisiologia da voz" — assinada com um *A,* como todas as outras que escreveu. Começa assim: "Balzac pôs a fisiologia em moda; por ele e depois dele todos os sentimentos, todas as funções, os gostos, as ocupações, certos sacramentos e até certas desgraças, foram explicados em seu modo de ser." E vale a pena lembrar que, apesar de ter morrido em 1850, ainda Balzac não era nome muito vulgarmente citado nas páginas literárias brasileiras. Mais adiante pergunta: "Qual é o grande pensador que não professou pelo menos vinte absurdos de mão cheia?" E exclama: "Ponde o mundo em trevas, e a voz será sua luz."

* * *

Em 16 de julho, sob o título "Notas sem eco", aparece a poesia "Amor de criança", duma desimportância a toda prova, como se pode constatar:

Era um amor de criança
Puro como a luz! Que amor.
Que perfume de inocência
Daquela alma aberta em flor!
Inda era um anjo... pecou
No momento em que me amou!

Aquele amor foi a crença
Mais doce da minha vida;
Tive outras depois... nenhuma
Chorarei de ver perdida
Enquanto dure a lembrança
Daquele amor de criança!

Quando ela me via triste
A olhá-la estático e mudo
Tinha dó de mim, e aflita
Jurava por Deus, por tudo,
Amar-me sempre... mentia
Mas sua alma é que a iludia!

Uma vez fatigada
Junto a mim adormeceu;
Entre um bocejo e um sorriso
Um sonho me prometeu,
Mas quando voltou à vida...
De tudo estava esquecida...

Do roto colar as pérolas
Procurei ver se juntava;
Quis colher na brisa a flor
Que esfolhando-se voava...
O amor que um riso criara
Num leve sonho acabara!

Inundei-lhe as mãos com o pranto
Que a dor funda me arrancava:
Sorriu-se... já não sabia
Que por amor se chorava!
Perdi de todo a esperança:
Já não era mais criança!

* * *

Em 30 de julho, sai "O nome":

Dizem os gramáticos, gente detestável nestes tempos de discordância, que o nome é uma voz com que se dão a conhecer as coisas. Quando nos tempos de colégio, minha memória, rebelde às exigências do decurião, recusava guardar no seu arquivo esta triste definição, é que o meu espírito, agora que o conheço, pressentia-lhe já todo o absurdo e falsidade.

E arremata com vigor:

> Se as coisas se chamassem pelo seu nome, muitas
> leis não seriam leis, muitos legisladores não seriam
> legisladores, muitos governos não seriam governos,
> muitos sentimentos não seriam sentimentos, e até
> muitos homens não seriam homens.

* * *

Nas "Páginas Menores", Manuel Antônio de Almeida ia se alternando com José de Alencar, Francisco Otaviano, Henrique César Muzzio, médico como ele, que prometia muito, mas que, muito boêmio, nem tentou exercer a profissão e durante anos a fio foi redator da *Semana Ilustrada,* e Domiciano Leite Ribeiro, mais tarde Visconde de Araxá, e que se escondia sob o pseudônimo de "Poeta Vassourense". E, a 13 de agosto, trazem elas "O riso", que começa alegremente:

> Se eu tivesse, como muitos dos meus colegas de pena,
> o hábito de namorar pela imprensa, tinha agora aqui
> a lira afinada para cantar um idílio sobre certos sor-
> risos que às vezes vejo enfeitar um rosto moreno, tão
> puros, tão suaves, tão cândidos, que morro de inveja

ao lembrar-me que não é só para mim que eles desabrocham. Mas não culpo por isso os lábios em que eles se aninham, não; eles me estão dizendo: — somos como o céu: na primavera não sabemos senão sorrir.

* * *

Em 27 de agosto, temos Manuel Antônio em pleno mau gosto. É em "As flores e os perfumes", que ele subtitula "Lenda oriental", e que é preciso reproduzir por inteiro, exatamente por sua total e absoluta desimportância:

Numa hora de ciúme o sultão Abdul foi encontrar-se no quiosque do lago com a sultana Djali, causa de seus tormentos.

Achou-a brincando tristemente com um pendão de flores. Sentou-se junto dela, tomou a gusla que ela há pouco tinha deixado e ao som de sua toada melancólica cantou-lhe o seguinte:

"A princípio as flores eram todas brancas e não tinham perfume.

"O sol namorou-se delas e, nos raios com que as beijava, mandou-lhes as cores de que cada uma se vestiu.

"As que se abriam ao amanhecer para receber do horizonte seu primeiro olhar ficaram com as cores da aurora.

"As que lhe mostravam o seio quando ele estava no ponto mais elevado do céu ficaram rubras pelo fogo de seus beijos nesses momentos de triunfo.

"As que o esperavam na hora do acaso para sorrir-lhe um adeus de saudade ficaram com as cores desmaiadas e melancólicas do crepúsculo.

"Os perfumes eram silfos que vagavam no espaço, transparentes e invisíveis; brincavam com as brisas, adormeciam no seio das nuvens brancas, corriam pela superfície dos lagos, dos mares e dos rios.

"Ora, os perfumes, depois que viram as flores tão garridas com as novas cores, namoraram-se também delas e, ocultos nas gotas do orvalho da noite, vinham beijá-las ao desdobrar dos botões, antes que o sol aparecesse no horizonte, e apenas ele se escondia no ocaso.

"As flores não desprezaram a luz pelos perfumes, nem também os perfumes pela luz; aceitaram tudo, as cores e o aroma.

"Eram flores! Daí veio que as mulheres gostam tanto delas, e que todas as chamam irmãs.

"Os últimos amantes são sempre os mais felizes, porque para eles se guarda o requinte das carícias.

"Assim sucedeu com os silfos.

"O sol nunca passara de beijos na corola; os perfumes penetraram o seio de suas amadas, encarnaram-se nelas, nenhum mistério lhes foi vedado.

"Mas Deus permitiu que a luz castigasse as flores, e é por isso que, dardejando os raios sobre elas, o sol faz acordar no seu seio os rivais felizes que as abandonam medrosos: ao seu calor evapora-se o perfume.

"É por isso que algumas flores, bem raras, que se conservaram fiéis a seus primeiros amores, que não receberam perfumes em seu seio, têm mais longa vida: as flores sem perfume são de ordinário as que mais duram.

"Ao contrário, quanto mais perfumada é a flor, mais é tênue e menos vive.

"É por isso que os flores ficaram sendo o símbolo das glórias neste mundo, que são vãs, das esperanças que são fugazes, dos sonhos que se não realizam.

"É por isso que, como emblema da publicidade, elas servem para coroar a fronte dos heróis e enfeitam as vítimas do sacrifício, adornam os altares e as sepulturas, o tálamo e o ataúde.

"Deus podia castigá-las ainda mais, tirando-lhes as cores que dera o sol. Mas, como o seu crime era um crime de amor, quis que elas ficassem sempre belas, e que fossem mais uma prova de que a beleza é vária e ingrata."

Quando ele acabou de cantar, a sultana passou-lhe os braços em redor do pescoço e entreabriu nos lábios um sorriso de amorosa censura.

O amante olhou-a um instante e disse:

— Sabes o que me lembra esse teu sorriso? Lembra-me as flores da cantiga que acabaste de ouvir...

A sultana aproximou mais seu rosto do dele e, entreabrindo novo sorriso, deixou ao mesmo tempo escapar um vagaroso suspiro.

O amante, vencido, foi colhê-lo com um beijo na passagem, dizendo a meia-voz:

— ...Mas, ah! o perfume de algumas flores dá a felicidade na embriaguez que produz...

Para quem já escrevera as *Memórias*, esta lenda oriental nos faz pensar que o próprio Manuel Antônio não teria noção da importância do seu romance, ou talvez se deixasse arrastar pela intensa mediocridade romântica do meio.

* * *

"As muletas de Sixto V", publicada em 3 de setembro, é coisa bem melhor, possuindo mesmo aquela agilidade que é um dos maiores encantos das *Memórias*.

Aquela tão sabida história das muletas do Inquisidor de Veneza é a parábola da hipocrisia, que tem aplicação a todos os atos da vida humana. Todos neste mundo andam de muletas, e todos as atiram ao chão quando trocam o seu barrete em mitra.

Como vai um candidato à casa de um eleitor? De muletas.

Como vai um pretendente à casa de um ministro? De muletas.

Como entra um cortesão nos paços reais? De muletas.

Mas o candidato apenas conta maioria esquece o nome do eleitor, faz nova profissão de fé, ou antes faz profissão de nova fé, porque todas as profissões são iguais, apesar de haver tanta fé diferente, ergue a cabeça, põe a mitra, atira fora as muletas: é deputado, é papa!

Um pretendente que alcançou despacho não é mais do que um cardeal que subiu ao papado; fora, pois, com as muletas da humildade!

Um cortesão quando sai da presença real deixa as muletas atrás da porta do paço e caminha de mitra alta, mandando cortar a língua que lhe dirige o mais leve epigrama.

Todos, cada um no seu gênero, são Sixtos V neste mundo; uns sérios, outros caricatos, uns sempre, outros algumas vezes, mas não há ninguém que não seja.

As mulheres, que fazem exceção a todas as regras, não o fazem desta, e antes muito a confirmam.

Vede aquela moça: tem a modéstia nos olhos, a candura no sorriso, toda ela respira inocência e bom gênio. Cora, porque o rapaz apaixonado que a leva pelo braço na sala do baile disse-lhe baixinho algumas palavras mais ardentes, ou porque lhe apertou com mais força a mão na volta da contradança: é tímida como a rola, dócil como um cordeirinho... É um cardeal em candidatura.

Amanhã é noiva; coroam-na de flores de laranja. Pôs a mitra!

....

Um redator de jornal do partido anda de muletas até a hora em que triunfa o lado cuja causa advogava.

Um deputado de oposição anda de muletas até que caia em suas mãos uma pasta do ministério, que é a sua mitra.

Anda de muletas o caixeiro até o dia em que o amo lhe dá sociedade.

Um ator em vésperas de benefício anda de muletas por casa dos amigos e conhecidos.

Anda de muletas o cantor antes do *début*.

O marido hipócrita que tem mulher ciumenta anda por casa de muletas; quando sai à rua deixa-as na porta.

Muitos velhos de moral austera, que não perdoam à mocidade o menor desvio, sempre com a virtude nos lábios, andam de muleta à luz do dia; vão observá-los em outras horas: estão de mitra, são papas.

Os procuradores de viúvas ricas tomam as muletas na escada de suas clientes; entregam-nas ao vigário no dia em que a infeliz não pode mais resistir às saudades do defunto.

Toda ciência consiste em se não largar as muletas enquanto não se tem bem segura a mitra na cabeça: o esquecimento desta regra é a desgraça de muita gente; largam-nas antes do tempo, e caem então por terra os infelizes, perdendo o equilíbrio.

Quem observa este preceito com todo o rigor tem talento.

Se se procurasse um emblema para o frontispício da história do homem, eu proporia um par de muletas e uma mitra.

* * *

"Uma história triste", saída no nº de 24 de setembro, é quase uma composição de ginasiano, colaborando no *Jornal das Moças*. Dela só escapa uma frase, uma pequena frase, que tem o tom um tanto machadiano: "Se não tivesse medo que se rissem de uma questão de passarinhos..." Aliás, Mário de Andrade, numa introdução, cheia dos mais justificáveis erros e dos mais belos achados, que fez para uma edição deploravelmente ilustrada das *Memórias*, observa que Manuel Antônio de Almeida tinha uma maneira de se exprimir algo parecida com o estilo espiritual de Machado e cita estas frases comprobatórias: "Saiu em busca do que fazer para aquele dia, de destino para os mais que se iam seguir. Achou ambas as coisas: uma trouxe a outra." "Não nos ocorre se já dissemos que ele tinha o nome do pai; mas se o não dissemos fica agora dito." "Foram pouco a pouco, de palavra em palavra, travando diálogo, e conversaram no fim de algum tempo tão empenhadamente como a comadre e dona Maria, com a diferença que a conversa daquelas duas era alta, desembaraçada, a deles, baixa e reservada."

> Estavam presentes algumas pessoas da vizinhança, e uma delas disse baixinho à outra, vendo o pranto de Luisinha: — Não são lágrimas de viúva... — E não eram, nós já o dissemos: o mundo faz disso as mais das vezes um crime. E os antecedentes? Porventura ante seu coração fora José Manuel marido de Luisinha? Nunca o fora senão ante as conveniências; para as conveniências aquelas lágrimas bastavam.

* * *

A 1º de dezembro de 1854, Manuel Antônio de Almeida inicia uma *Revista Bibliográfica*, assinando-se então "Almeida", como faria depois em todos os outros comentários, crítica "recheada de epítetos, ingenuamente benigna", como diria mais tarde José Veríssimo, mesmo sem tê-las lido.

> Esta revista há de ser mais noticiosa do que crítica; o seu fim não é julgar das obras, é dá-las a conhecer. Podendo conseguir este fim, julgo que satisfaço uma necessidade. Entre nós lê-se muito, mas há um grande desvio na leitura; perde-se um tempo precioso com livros, as mais das vezes comprados pelos catálogos, porque não se acham vulgarizadas as fontes onde se colhem detalhes que garantam, quando não mais, ao menos que a obra corresponda ao seu título. E é bem sabido quantas vezes o frontispício de um livro é uma grande mentira. Se os livros fossem aqui como são na Europa, muito baratos, o trabalho que empreendo teria uma recomendação de menos, mas estando os nossos leitores sujeitos à violência dos livreiros, que exorbitam no preço das obras, aqueles que não dispõem de grandes recursos podem dela tirar partido econômico, ficando salvos do risco de comprar um livro que só satisfaça ao seu pensamento na primeira página.[24]

Traçando este plano de trabalho, não quero por isso perder o direito de ensaiar o meu juízo algumas vezes sobre aquelas obras, cujo objeto for o de meus estudos. Nesses casos, que serão poucos, hei de ser sincero e despir-me de toda a pretensão.

Para que esta revista satisfizesse completamente ao seu título, era necessária a concorrência de muitas especialidades, que não se podem encontrar em um só indivíduo, e muito menos em mim. Por este lado há de haver falta indispensavelmente, a menos que alguns de nossos homens de pena me não queiram ajudar. Se for tão feliz que alguém entenda que me deve acompanhar neste trabalho, receberei com prazer o seu concurso em proveito meu e de todos.[25]

E passa a tratar do *Ensaio corográfico do Império do Brasil,* do dr. Melo Morais e Inácio Acioli.

Manuel Antônio não gostou nada do *Ensaio:* "A primeira página deste livro entristeceu-me, e indispôs-me com a obra [...] Mas essa primeira página não é só uma falta, é um crime de escritor, porque levanta do esquecimento uma antiga calúnia!"

A antiga calúnia levantada pela dupla Melo Morais-Inácio Acioli é a de que não foi Colombo quem descobriu a América, mas um certo Afonso Sanches, anedota contada pelo padre Vasconcelos na sua crônica da Companhia de Jesus e a que aqueles senhores dão foros de verdade histórica. Almeida defende calorosamente o descobridor, desancando os infelizes admiradores das ideias do padre Vasconcelos, com um rigor desalmado:

Quanto ao mais, por melhor boa vontade que tenha, não posso dizer que o resto da leitura me reconciliasse com o livro. Acho que ele tem tudo quanto podia ter para não corresponder ao seu fim. Muito incompleto a respeito de pontos de grande importância, é futilmente prolixo a respeito de questões secundárias [...] Mas não só os defeitos por omissão que fazem carga ao livro; há faltas mais graves porque são positivas. Assim na nova corografia, o Ceará pertence ao bispado de Pernambuco; a cidade de Teresina ainda não é capital do Piauí. O território de Santa Catarina compõe-se de duas ilhas; o Alto Amazonas ainda é uma comarca do Pará, com "sua capital"; cada comarca da Bahia tem o seu juiz municipal; no Rio de Janeiro o café e o açúcar passam pela Alfândega; Petrópolis tem um bom teatro e famosos edifícios públicos! Isto basta para que se ajuízem as faltas em que incorrerá o livro quando se ocupar de questões por natureza mais difíceis [...] Não é uma obra, como pretendem seus autores, que se possa confiar à mocidade; quem por ela se guiasse correria o risco não só de ficar ignorando muita coisa, como o de adquirir ideias absolutamente falsas [...] Não a desculpa o seu título de "ensaio". Um ensaio pode ser incompleto, pode conter erros, opiniões falsas a respeito dos pontos não estudados, das questões não resolvidas, mas não pode omitir o que todos sabem nem incorrer em erros já desvanecidos.

E termina:

> Entretanto, em nome de todos os que se interessam pelo nosso adiantamento, agradeço aos senhores Melo Morais e Inácio Acioli o seu trabalho. Não pareça que há nisto contradição ou evasiva de crítico medroso que busca adoçar com cumprimentos o que disse a respeito de um trabalho alheio. Sou muito sincero e muito pouco pretensioso para socorrer-me a tais expedientes. Quem pensar no nosso estado a respeito de bibliografia nacional verá que tenho razão.

Os senhores Melo Morais e Acioli ficaram quietos no seu canto, e Manuel Antônio dedicou a sua revista de 4 de janeiro de 1855 à *História da Turquia,* de Lamartine:

> Acabei a leitura do primeiro volume completamente reconciliado com Mafoma. É um livro de grandes consolações. Nunca o espírito me ficou tão tranquilo a respeito de suas crenças no justo e no santo, como lendo aqueles pedaços da história de um povo semi-bárbaro, e de uma crença falsa. Nunca senti nascer em mim tantas disposições tolerantes, tanto amor pelos homens, como percorrendo aquelas páginas marcadas de tanto sangue e de tantos crimes!

Leu os dois primeiros volumes da obra e aguarda com interesse o aparecimento dos restantes.[26]

* * *

A 4 de junho, a *Revista Bibliográfica* tomava um ar feroz ao tratar dos *Exercícios poéticos,* de Muniz Barreto.[27]

> Eis aqui um livro sobre o qual posso escrever sem o mais leve escrúpulo. Não se trata de um nome novo, nem de uma reputação indecisa. É um poeta conhecido, vitoriado por longos triunfos, desencantado mesmo das visões passageiras da glória, e que, farto de seus proveitos fugitivos, vem hoje, em busca de proveitos reais: vende os versos que cantou, e deles não quer mais senão aquilo que lhe possam dar em espécie.
>
> "Eu não armo ao louvor, armo ao dinheiro."
>
> É este o pensamento, a ideia, o fim do livro. Confessando-o, o poeta julga ter feito tudo, e espera salvar-se com a ingenuidade de Felinto. Não o consegue. Colocado na condição de simples mercadoria, o seu livro perde a grande qualidade das boas obras, perde a única qualidade que salva as obras más — a crença do autor no seu trabalho. Há uma grande diferença entre um livro que se publica e um livro que se põe à venda.[28]

E mais adiante:

> ...o vulgo chama aos trabalhos desse gênero — *obra de carregação*. Há rigor nessa frase aplicável ao livro do poeta mais popular da Bahia, mas o sr. Muniz pertence sem dúvida à escola daqueles que materializam a poesia, fazendo dela uma questão de ritmo e consoantes.

Diz de certo gênero de poesias "que tem apenas um valor todo relativo: é a poesia de ocasião e de localidade". Lembra que o

> sr. Muniz tem sobretudo uma reputação fundada de repentista. Não há mister sabê-lo de antemão; sente-se à leitura de seus versos a facilidade oca do improvisador. Sente-se uma ideia rara, que de vez em quando lampeja, aproveitada, esticada, repisada, muitas vezes na mesma poesia, no mesmo assunto.

Manuel Antônio tinha bem em conta a diferença que há entre a essência poética e a forma do verso, ou melhor, entre o poeta e o versejador, embora a sua poesia fosse de modestíssima categoria.

Saia o verso cadente, o consoante estudado, vista, ainda que desmaiada, a cor das circunstâncias do lugar, e o efeito não falhará: abundarão lágrimas que já corriam, raiarão mais belos os sorrisos que já se abriam, acender-se-á mais brilhante o entusiasmo que já reinava. Mas o lampejo, filho do momento, morreu com ele: nada fica... senão o que ele tem de material — o ritmo das sílabas, a harmonia dos consoantes.

Sabia perfeitamente da diferença entre o poeta e o repentista: "Em Bocage havia o poeta e o repentista: o segundo estragou muitas vezes o primeiro. Se o improviso não andasse em moda Bocage teria sido muito maior poeta do que foi."

* * *

As *Inspirações do claustro* foram comentadas em 18 de junho, e Manuel Antônio frisava que Junqueira Freire era da Bahia, não sei se para dar a entender que não era contra os poetas da Bahia, ou se entre os baianos reconhecia como valores outros que não o sr. Muniz Barreto. Começa ele:

Entre os monumentos do passado que desabam nestes tempos de grandes reformas e de grandes destruições, desaba o claustro; lança-se por terra o anacronismo da sua construção. Assustam-se os espíritos tímidos com a queda do altar, que eles pensam ser também a queda da crença. O que lhe parece derrota não é senão a grande vitória.

A clausura era o sacrifício da liberdade *matéria* em favor da liberdade *ideia*. Estar só para ser livre: foi este o pensamento que povoou a Tebaida. O primeiro sacrifício valeu logo um triunfo. Já não era mister ir ao deserto; o desterro pôde ser menos longe; o homem pôde exilar-se dos homens vivendo mais perto deles... O claustro que tanto produziu nada mais hoje produz. Agora apenas, de longe em longe, sob algum arco de abóbada que se suspende ainda por cima das ruínas, debaixo do teto de alguma cela que escapa por momentos ao derrocamento geral, acorda-se o eco raro de uma inspiração feliz!

Algumas páginas de poesia, escritas sobre o breviário durante alguns anos de província, acabam de juntar-se ao livro de história monástica da nossa terra, que não é sem dúvida o mais pobre dos que hão de formar a história monástica do mundo. Trazem um título fiel: chamam-se — *Inspirações do claustro.*

Não se pense que se vão achar nelas êxtases contínuos ou arroubos de misticismo; não, e é por isso que ele acha o título fiel. O claustro já não pode dar inspirações destas. Já se compreendeu que o espírito não deve perder sua atividade no arrebatamento de uma duração estéril. Servir à humanidade é a grande adoração da Providência. E o novo livro traz em substância esta ideia.

Gosta do poeta, acha que o "livro é por tal arte um livro de pensamento que não haveria lugar, falando dele, para entrar em questões de forma. Demais, o coração quando fala, fala sempre bem".

Apreciando o fenômeno das modas literárias, escreve:

Muita gente confunde a propriedade, com o excesso de cor local, que, longe de dar caráter, desnatura aquilo que se escreve, seja verso ou seja prosa. No verso esse defeito passa à monstruosidade. É isto o que tem perdido grande número de nossos escritores. Quando Gonçalves Dias publicou no primeiro volume de seus cantos as poesias americanas, a aceitação que tiveram, o entusiasmo que excitou aquela grande novidade literária, atirou quase todas as aspirações poéticas da época para o caminho que ele acabava de percorrer. Confiaram no assunto; e esqueceram o talento. Resultou disso um gênero disforme, que se quis chamar escola.

O que há de pior neste mau sistema é que semelhantes desvios não se dão unicamente por ocasião das inovações. Quando falta por muito tempo uma ideia nova, atrás da qual se improvise uma escola, faz-se reviver alguma coisa que estava já bem morta, arrebica-se uma figura bem velha, vestem-se-lhe uns frangalhos descosidos e aos gritos de uma aleluia de comédia, aí aparece o novo Scariota literário, que apesar de tudo goza sempre o seu triunfo de algumas horas.

E aconselha:

Fugir a esta vertigem de imitação, deixar-se levar naturalmente pela inspiração, e não querer violentá-la a este ou àquele rumo, acreditar sobretudo no talento próprio, eis como se consegue nas obras literárias, senão o toque de perfeição, cujo segredo é de poucos conhecido, ao menos alguns traços que o preparam.

* * *

Enquanto o amigo Henrique César Muzzio, nas "Páginas Menores", de 11 de novembro, oferece a M. A. de A. a poesia "Papéis velhos", onde fala das donzelas "sorrindo ao mundo na manhã da vida", e encontrando nas ditas, com aquela escabrosa timidez dos românticos, "mistérios da mulher inda na infância", o sr. Muniz Barreto oferece pelo *Mercantil,* da Bahia, coisa bem diversa ao romancista, sob o título: "A *Revista Bibliográfica* do sr. Almeida sobre os meus *Exercícios poéticos.*"

No *Correio Mercantil* do Rio de Janeiro, jornal da propriedade do *meu parente,* o sr. dr. Joaquim Francisco Alves Branco Muniz Barreto, foi publicado sob nº 153, de 4 de junho último, o escrito que me serve de tema.

Admirou aqui a todos que em tal gazeta me viesse uma crítica tão pessoal, tão extemporânea, tão mordaz e malévola como essa assinada por um sr. Almeidinha. Eu, ao contrário, já esperava do *Correio Mercantil* esse *generoso obséquio,* pelo modo por que me tratou, durante a sua primeira estada nesta cidade, e se despediu de mim o sr. Joaquim Francisco, em cujo eterno desagrado incorri pelas minhas opiniões acerca da *sua estrada de ferro,* não obstante haver-me nesse negócio, por consideração a S. S., conservado sempre neutral.[29]

E esperava-o ainda mais, depois da lisonjeira notícia da publicação dos meus versos, dada muito de indústria pelo dito jornal, a cuja redação, por isso mesmo, ofereci um exemplar do meu primeiro volume para o censurar a seu cômodo.

Isto suposto, unicamente para provar que a *Revista* do sr. Almeida é mais uma sátira de despeitosa encomenda, com o fim de desacreditar o meu livro, e diminuir-lhe a saída na corte, que uma crítica razoável e justa, de espontânea devoção literária, vou dar-me ao trabalho de analisar alguns de seus pontos.

Principia o *nobre escrevedor da Revista* por querer classificar de uma infâmia o que em mim não passou de uma ingenuidade, que muitos louvaram e em *Filinto*[30] consideraram todos uma facécia "Eu não armo ao louvor, armo ao dinheiro".

Certamente, ponderadas as razões que a esse respeito dei no meu prólogo, só a mais requintada malevolência poderia atacar-me por essa confissão singelíssima.

Em tom dogmático diz o sr. Almeida — *que não conseguirei* salvar-me com a sinceridade do Píndaro português! — Mas salvar-me de quê? Da maledicência do metamorfoseado jornal da *"Pacotilha"*? Ora, isto faz rir!

No mesmo tom decide o sr. Almeida que o meu livro — *perde a única qualidade que salva as obras más, a crença do autor no seu trabalho.* E como queria S S. que houvesse em mim essa crença, sendo eu não só uma mediocridade em poesia, como me julgo, e no meu prefácio confessei francamente, mas até uma nulidade poética, como S. S. me avaliou? Além disto eu não escrevi para publicar: publiquei o que estava escrito pelas considerações que já disse. O desabrimento com que neste assunto se pronuncia o sr. Almeida faz crer que muito se afligiu ele com a minha modéstia, que é talvez um sarcasmo à demasiada confiança que S. S., também mediocridade em letras, pelo que mostra, tem porventura em si.

— *Escrevi para vender* — acrescenta o sr. Almeida. E o que tinha isso quando assim fosse? Começando pelo *ilustre folhetinista* e o seu amável *Correio Mercantil,* todos escrevem para vender, e há até *quem se venda para escrever.* A verdade é que raros falam como eu falei.

Continua por aí adiante, invocando sempre que Almeida não agira como crítico mas como um comparsa de Joaquim Francisco, que para mais feri-lo mandara reproduzir a crítica na *Época,* da Bahia, jornal que defendia as suas cores políticas. Queixa-se com deslavamento do primo:

> quando num baile que deu o Exmo. Visconde de Pedra Branca, de saudosa memória, em aplauso ao nascimento e batismo de seu neto, o primogênito do Exmo. Sr. Visconde de Barrai, quando todos, come-

çando pelo nosso literato e sábio prelado, se dirigiam a mim para felicitar-me pelo canto que então recitei, o dito sr. Joaquim Francisco, encontrando-se comigo, nem uma palavra me deu e tratou-me o mais seca e friamente possível!

Declara por fim que o artigo foi escrito pelos dois — Francisco e Almeida — como torpe vingança do primeiro, e termina: "Quando já estava encerrado este escrito, disse-me um amigo que o sr. Almeidinha é o genro do sr. Joaquim Francisco. Tanto melhor para mim: tanto pior para o genro e o sogro."

O amigo do poeta estava bem mal-informado... Manuel Antônio de Almeida morreu solteiro. Mas a infame insinuação não mereceu a menor atenção do crítico quando, depois de aguardar o aparecimento do segundo volume dos *Exercícios poéticos,* a 2 de março de 1856, retrucou ao poeta, misturando altivez com ingenuidade:

Os leitores hão de estar esquecidos de um livro que aqui apareceu com o título de *Exercícios poéticos,* e sobre o qual escrevi algumas linhas. Também eu o teria esquecido; pedia-me isso a vergonha que ele me custou. Mas o livro tinha uma continuação, e eu havia prometido acompanhá-lo até o fim. Devo, pois, voltar ao assunto, uma vez que acaba de chegar-me às mãos o segundo volume da obra, que ainda não é o último.

Peço porém aos leitores que não leiam as linhas que se vão seguir antes de terem lido o artigo a que elas servem de resposta, e que acharão transcrito em seguida.[31] Não é a importância da questão que quero reavivar com isto; é a sua degeneração que busco tornar sensível.

A questão literária suscitada a propósito de um volume de versos degenerou uma rezinga injuriosa, com todo o cáustico do tempero baiano; a outros talvez que ela nem faça arder os lábios; a mim afogueia-me de pejo, e por meus créditos de homem bem-criado quero que se saiba de onde foi que partiu.

O sr. Muniz (da Bahia), respondeu, no artigo a que me refiro, àquilo que escrevi quando apareceu o primeiro volume de seus *Exercícios poéticos*. Nunca vi tão bem provada a máxima que diz — o estilo é o homem. Vê-se ali no torneio da frase, no picante das injúrias, no peso dos epigramas, no destempero da lógica, o capadócio de província acostumado ao jogo da palavrada: parece-me que o estou vendo, ao sair da senzala do batuque, de chapéu derreado e viola embaixo do braço, vindo ao terreiro descompor meio mundo, só porque lá dentro chacoteavam de seus desafinados no garganteio de uma modinha.

Por desairosa, a luta torna-se difícil com um adversário desses: a vitória custa pouco, mas a vergonha que é preciso afrontar para alcançá-la custa muito. Depois, tudo para mim é novo numa luta em tais condições: é a primeira vez que provo o amargo da injúria pessoal, é a primeira vez que a manopla grosseira da vaidade ofendida me bate na fronte.

Além disso, que desforço há a tomar contra um velho a quem aos 50 anos ainda não veio a sisudez, contra um Quixote literário que, enfeitado com os louros que sobram aos acepipes dos banquetes onde canta, pensa ter desempenhado o seu conceito poético porque sabe desenfiar corretamente uma descompostura?

Temo, porém, que vão tomar por covardia aquilo que em mim não seria senão vexame; em que me custe, devo carregar com a falta de ter tomado ao sério um poeta de sobremesa.

Aqueles que se lembrarem da "Revista" que publiquei sobre o livro do sr. Muniz hão de lembrar-se também que não fui além das páginas do volume; ocupei-me dos versos, deixando ressalvada a pessoa do autor. Escrevi sobre o livro e não sobre o homem. Não costumo indagar do parentesco de um escritor para estudar o seu trabalho; estudo literatura e não filiações. Entretanto o sr. Muniz entendeu dever desafogar sobre meu nome seus torpes ciúmes de família, e com os olhos vesgos do despeito viu num artigo literário a continuação da *frieza* com que um seu parente o tratara num baile e uma vingança contra suas opiniões acerca de estradas de ferro! Foi-lhe preciso o desconchavado enredo desta ridícula chicana para explicar a crítica do seu livro. A sua vaidade não o deixou acreditar nos próprios defeitos; era mister achar alguma alta razão de Estado, por cuja conta corressem os senões apontados no seu trabalho.

Descoberta esta razão, engonçado o arcabouço desta comédia da vaidade atordoada, quatro piruetas bem labregonas e pesadas fizeram o resto.

Escreveu-se depois uma carta de nomes; vieram à baila as certidões de *poeta* por contas particulares; o cantor do povo chamou em seu auxílio toda a nobreza da província; o vate tribuno rodeou-se de barões e de viscondes, e em nome de todos rasgou uma página do "Marcos Mandinga", que subscreveu e me mandou em resposta.

Tomando-se de uns brios muito equívocos, e vestindo o mais cediço disfarce da hipocrisia apanhada em flagrante, começa por fingir-se ingênuo, e arremeda uma quixotada muito sem sabor para defender a efígie do seu livro: "Eu não armo ao louvor, armo ao dinheiro." Confessa que nisso não tivera senão a intenção de um gracejo, como querendo desculpar-se do fato; mas sustenta o gracejo em princípio. Eu, tu, nós, vós, eles, todos vendem o que escrevem. A pena é um instrumento de trabalho como outro qualquer, é o utensil do pensamento. Não há nada mais legítimo do que o direito do trabalho à recompensa. Mas o que é o trabalho? O salteador que se esconde de dia e vaga de noite, que evita o povoado e se abriga na mata, que arrisca sua vida acometendo o viajante prevenido e armado, que luta, que se fadiga, que sofre, também trabalha. O moedeiro falso que estuda as artes mais úteis, que desenha, que burila, que grava, que estampa, também trabalha. Dareis ao salteador e ao moedeiro falso o direito à recompensa? Não porque o trabalho é tudo pela moralidade de seu fim e de seus meios. Não é o braço nem a cabeça que trabalha; quem trabalha é a consciência.

Era esta, a toda a evidência, a significação da censura que fiz nas palavras — escreveu para vender. Eu queria dizer: — o escritor amontoou páginas sem exame, sem reflexão, sem escolha, quis engrossar o volume, basculhou seus papéis velhos, e tudo lhe serviu, fez enfim uma obra de carregação. Pensou publicar um livro, e abriu um belchior de coisas inúteis, inúteis para proveito alheio, inúteis para glória sua, mas que, apesar de tudo, se vendem.

Não há bom-senso noutra interpretação que não seja esta. Mas era mister dramatizar a defesa, e o autor figurou atacado em sua pessoa o princípio santo do direito que tem o escritor a viver de sua pena, como o alvanel de sua picareta.

Outro destempero não menos cômico é aquele com que se sai o sr. Muniz pedindo a citação especial de cada um dos defeitos sobre os quais formei o meu juízo. Não lhe foi possível acreditar na sinceridade com que eu disse que não queria com tais citações prejudicar a leitura de sua obra.

Há coisas que se não aprendem de ouvido: é mister senti-las para acreditar nelas. A boa-fé é desse número.

Mas esse plano não é novo: peca, até, e enjoa por cediço e batido. Escreve-se alguma coisa sobre uma obra ruim, mas escreve-se procurando a filosofia do trabalho, buscando a sua expressão sintética, o seu pensamento dominante.

"Fora a crítica desleal e catedrática, que impõe o seu juízo sem justificá-lo", é a resposta.

Segue-se outro sistema: desce-se a analisar o livro página por página, apresentam-se-lhe os erros de gramática, as contradições da lógica, o desconchavo da retórica, o verso mal medido, a oração ininteligível. Desta vez a saída ainda é mais irrisória: "Analisando com esse rigor, respondem, Homero tem defeitos, Virgílio não escapa à censura, Bossuet está no caso de Virgílio!"

Não sei se será uma puerilidade satisfazer a exigência do sr. Muniz e descer às citações pedidas. Mas quando se discute com certos adversários, é mister pôr de parte o bom-senso. Vou citar. Não serei longo.

Do canto — "A mulher" — que o próprio autor se desvanece em recomendar, não citarei senão meio verso; deixarei a palidez da composição, o desenxabimento dos lugares-comuns, o abuso das figuras que leva o autor depois de todos os epítetos líricos mais sabidos e gastos a chamar a mulher — *alquimia* que transforma o ferro em ouro. Não falarei também da ideia de fazer a apologia de um ente atribuindo-lhe a causa de todos os males:

> Do mundo só tu és de bens, de *males*.
> A origem verdadeira

Tudo deixarei de parte para citar unicamente uma prova de que o autor ignora a língua em que escreve, pelo menos a significação das palavras que emprega.

> ...Se tu faltasses,
> ...Quem suprira
> ...*Teu vazio*, meu anjo?...

O vazio de uma coisa não se pode confundir com o vazio que a coisa deixa: o autor quis falar do *vazio* que a mulher deixaria se faltasse no mundo, e chama a isso — *o vazio da mulher!* O vazio da mulher, dizem todos os dicionários, é a ilharga. Quando esta interpretação não fosse a única verdadeira, quando mesmo por uma retórica muito extravagante a regra dos possessivos pudesse ter a elasticidade que lhe dá o autor, ele devia evitar aquele trocadilho de mau gosto, para não assustar-se com a calamidade de faltar ao mundo a ilharga da mulher!

Falto à promessa de só citar meio verso, citando o mau gosto e falta de apuro com que no meio de uma composição em verso solto se enquadram dois versos rimados e com a pior rima do mundo:

> Como mereces
> Chamem-te vate, sábios e filósofos;
> A mim só cabe, trovador mesquinho,
> *Na lira que afinaste hinos tecer-te*
> *Adorar-te, servir-te e bem dizer-te.*

Ainda como prova do gosto do autor leia-se esta quadrinha de um canto natalício, que parece caída de uma bala de estalo:

> E *há de ser* (do céu o espero)
> Teu dia *sempre gentil*:
> E tu *hás de ser* a estrela
> *Sempre* do nosso Brasil.

Vinte quadras como esta fariam a fortuna de um confeiteiro...

Quando há pouco falei em versos de balas de estalo, esqueci-me de lembrar uma sextilha que rivaliza com tudo quanto há de melhor no gênero:

> Se a formosura tivesse
> A sua aristocracia,
> Teu natalício por certo
> *De gala* e festa seria;
> Se não para o Brasil todo
> Ao menos para a Bahia.

Este verso é nada menos que uma censura feita ao decreto dos dias de gala, que privou o calendário de mais um feriado. Onde vai aquela musa buscar inspirações? Que pouca elevação![...]

Penso que me tenho desobrigado para com aqueles que puseram dúvidas em minha sinceridade, apontando o menor número de defeitos em que fundei o meu juízo sobre o livro do sr. Muniz. Quanto ao segundo volume, com duas palavras o condeno: é irmão incontestável do primeiro: descorado, incorreto, frívolo, sustento a opinião que formei do autor com um vigor que eu próprio estava longe de supor.[...]

Restava-me, voltando ao artigo do *Mercantil,* da Bahia, tomar ao sr. Muniz séria satisfação das recriminações injuriosas que aí me faz: tenho porém sinceros escrúpulos de consciência: não sei se um estonteado, cego pela vaidade, pode ter imputação das grosserias que comete num momento de desatino. A distância dá coragem ao mais cobarde, e anima esse heroísmo da insolência, que muitos tomam por força de ânimo, e que não passa de baixeza de princípios e defeitos de educação.[32]

* * *

Critica a 20 de julho de 1856 *O comendador,* romance de Francisco Pinheiro Guimarães, médico como ele, seu camarada do Congresso das Sumidades Carnavalescas, que vinha fazendo uma carreira profissional e política de certa notoriedade:

> A nossa literatura de hoje é filha da política [...] Daqui nasce que a audácia, a petulância e a descuidada impavidez de uma reflete-se toda inteira na outra [...] Os triunfos deslumbrantes da política de ocasião seduzem e arrastam à literatura de horas vagas; políticos por acaso, literatos por distração, todos os que têm audácia se elevam e se impõem, e ninguém sabe o que mais admirar neles, se o desplante, se a ignorância.

E a 7 de outubro, Manuel Antônio de Almeida publica o seu último artigo assinado no *Correio Mercantil*. Foi sobre *O livro do povo,* de Luís Antônio Navarro de Andrade.[33]

> O sr. Navarro de Andrade que, por algum tempo, dirigiu, como redator-chefe, uma das folhas diárias desta capital, publicou há pouco um livro, cujo título, alguma coisa assustador, deve ter chamado sobre ele a atenção pública. O autor acabava de deixar, contrariado sem dúvida, uma pena jornalística que não fora em sua mão das menos independentes nem das mais medrosas, retirado por alguns meses da luz fatigante da publicidade, e recolhido às sombras da vida doméstica, todo mundo esperava no seu livro uma explosão de despeitos abafados: a obra, nas circunstâncias em que foi publicada, parecia de sua parte uma renúncia à luta diária; suspeitava-se que era o seu grito de desespero, e todos aplicavam o ouvido pressentindo o sussurro do escândalo.
>
> Acharam-se todos enganados. O livro nada tem que possa deleitar o apetite da malignidade: não é um libelo pessoal, nem uma filípica de ocasião. Falta-lhe muito, é verdade, para aquilo que o autor quis que ele fosse — um livro de doutrina —, mas tem muito pouco ou quase nada que devia não ter;

não satisfaz o seu título no bom sentido, mas também, e sobretudo, está muito longe de o justificar no mau sentido.

Lendo-se o título dos diversos capítulos da obra, vê-se logo que o autor ficou aquém do assunto, direi melhor, dos assuntos: não há concisão de estilo, não há esforço sintético que possa realizar em um número tão estreito de páginas a discussão das extensas e gravíssimas questões que esses títulos enunciam: a matéria não se acha ali resumida, mas sim comprimida. As demonstrações são raras, as transições nenhumas: é um enunciado de teses sucessivas cujo desenvolvimento fica adiado talvez para uma segunda parte que deve ter a obra. O sr. Navarro neste sentido não escreveu verdadeiramente um livro, juntou apenas diversos artigos de jornal, desses que se escrevem sob a pressão da necessidade do dia, nos quais a urgência do tempo e do espaço mutila a ideia, e que produzem tanto mais efeito quanto mais em suspenso deixam o espírito do leitor; o artigo de jornal, salvo casos excepcionais, traz sempre no fim um *continua* invisível, que é a transição para artigos futuros que o devem completar, e que poucas vezes aparecem. Uma pena que nunca se exercita em outro gênero de trabalho não podia escapar a este defeito do hábito. Em um volume de cento e tantas páginas apenas mal cabe certo o enunciado, a exposição de questões como — NATUREZA DO HOMEM, SOCIABILIDADE, CIVILIZAÇÃO, ORGANIZAÇÃO POLÍTICA, SOBERANIA, MELHOR FORMA DE GOVERNO, INFLUÊNCIA DA CIVILIZAÇÃO SOBRE AS REPÚBLICAS E SOBRE AS MONARQUIAS, e outras de igual valor e gravidade [...] direi alguma coisa que servirá de elogio ao seu livro e que tem uma aplicação geral a certas doutrinas que corvejam na nossa atmosfera literária, e de que tem sido vítima mais de uma boa intenção.

Arvoraram nesta terra a preguiça em modéstia e o trabalho em vaidade, e os que têm por único título a primeira julgam-se com direito de atacar os que se dão ao segundo. Há vaidade em criticar, há vaidade em escrever, há vaidade em traduzir, quase que há vaidade em pensar.

Aparece um trabalho qualquer: tudo quanto não for repicar imediatamente todas as campainhas da lisonja e enfumaçar o nome do autor com o incenso da mais beata admiração é uma prova de arrojo que suscita o mais amargoso despeito.

Criticar!

E os teus próprios defeitos? Vaidoso!

Como se a crítica não fosse um trabalho tão legítimo como outro qualquer; como se não fosse um meio de estudo, e dos mais proveitosos; como se não fosse nos defeitos alheios que melhor se aprende a corrigir os próprios; como se afinal todo o trabalho não supusesse crítica!

Num trabalho vejo antes de tudo o esforço que o produziu, e não entro pelas intenções alheias senão quando elas francamente se revelam: no ponto de vista literário quem supõe as intenções boas erra apenas uma vez sobre cem. É assim que procedo, e nas obras que merecem mais a minha desaprovação pela sua forma ou pela sua ideia tenho sempre muito que aplaudir quando me ocorre o esforço que foi mister para produzi-las, e a intenção que presidiu a esse esforço.

É por isso que, pondo de parte o merecimento da obra, que fica sujeito a juízes mais ilustrados, aplaudo o livro do sr. Navarro como esforço, como revelação de atividade.

Depois dessa revista, que se tenha conhecimento, nada mais apareceu na imprensa assinado por Manuel Antônio de Almeida. Diz Manuel Antônio Major, em *O Guarani,* de 8 de janeiro de 1871, que Quintino Bocaiuva "tencionava dar a lume as obras completas de Manuel Antônio de Almeida, em 1863, mas todos os cometimentos nobres falecem nesta nossa terra", e o que se entenderia por "obras completas" seriam as *Memórias,* o libreto da ópera *Dois amores,* as esparsas poesias, as crônicas do *Diário Mercantil,* o artigo contra Varnhagen publicado no *Jornal do Commercio* e os comentários da *Revista Bibliográfica.*[34]

* * *

Em 23 de novembro de 1856, Francisco Joaquim Béthencourt da Silva fundara com alguns amigos a "Sociedade Propagadora de Belas-Artes"; a 8 de dezembro, presentes 99 pessoas, elegia-se a diretoria cuja presidência recaiu habilmente sobre Eusébio de Queirós, que era um político de muito prestígio, tendo Manuel Antônio de Almeida, na condição de secretário, redigido a ata da sessão, e a 9 de janeiro de 1858 foi inaugurada a sua escola sob a denominação de "Liceu de Artes e Ofícios", que até hoje existe, e tantos benefícios tem prestado às classes menos favorecidas, embora não se tivesse desenvolvido, é o que acentua Fernando de Azevedo, em *A cultura brasileira,* "como planta que se fez ao ar livre e ao sol, mas como uma instituição artificial, transplantada para meio estranho e hostil e malcompreendida de quase todos". Entre os fundadores que mais se destacaram pelo entusiasmo estavam: Manuel de Oliveira Fausto, então secretário da instrução pública, o vigário Serapião de Santa Rita, espírito alegre, idealista, contaminado da ciência e das ideias mais adiantadas do tempo, o que seria um excelente exemplo para todos os vigários, e Manuel Antônio de Almeida, que, "assaz conhecido nesta corte como homem de talento e amador das belas-artes, ocupar-se-á do ensino da geometria", como registrou Béthencourt da Silva no discurso que pronunciou no ato de fundação.[35]

Nada se sabe do seu magistério filantrópico, mas pouco tempo depois é indicado para um outro posto mais ou menos filantrópico — diretor da Imperial Academia de Música e Ópera Nacional, fundada a 25 de março de 1857, com o beneplácito governamental, mas por iniciativa de dom José Amat, coronel do exército espanhol, radicado no Brasil desde 1848, e onde se fez empresário teatral. Mas precisamos saber que instituição é esta de tão pomposo título e cujos estatutos foram aprovados pelo Decreto Ministerial nº 2.294, de 27 de outubro de 1858, e assinados pelo ministro do império, senhor Marquês de Olinda. Tinha a estatutal finalidade de preparar e aperfeiçoar artistas nacionais melodramáticos, dar concertos e representações de canto em língua nacional, levando a cena óperas líricas nacionais ou estrangeiras, vertidas para o português. E o velho Moreira de Azevedo nos informa no seu *Pequeno panorama:*

É uma criação útil e digna da proteção do Estado; dela depende o desenvolvimento da poesia, da literatura lírico-dramática. Justificando a existência do Conservatório de Música, a Ópera Nacional fará desenvolver entre nós a arte de José Maurício, criará artistas no país e patenteará belos talentos de compositores que um dia terão de dar glória e renome à Pátria.

Este delirante vaticínio foi talvez a única fantasia do mais que prosaico Moreira de Azevedo. Os talentos que a Imperial Academia de Música e Ópera Nacional patenteou não deram nenhuma glória à pátria. Isso, porém, não nos importa agora. O que interessa é que Manuel Antônio de Almeida foi diretor dela, mas, como o auxílio que a instituição recebia do Estado era bastante escasso, a posição de diretor não era nenhuma sinecura, proventos, aliás, que perdeu quando, por Decreto de 12 de maio de 1880, a Imperial Academia foi extinta. Mas a precariedade da Academia não impediu que ele se dedicasse à obra com o melhor dos seus esforços. E não foi senão com a intenção de incentivar que, inspirado em *O corsário,* de Byron, e imitando o italiano Piave, o libretista predileto de Verdi, fez o libreto para *Os dois amores*, ópera em três atos, que pode ser assim resumida:

Os piratas cantam na sua ilha do mar Egeu as delícias da sua vida, quando chega a notícia de que o paxá de Rodes aprontou poderosa armada para vir esmagá-los no próprio ninho. Leandro, capitão dos piratas, concebe então o arrojado plano de não esperar pelo ataque, pelo contrário, de surpresa levar a guerra ao paxá, acometê-lo na capital, e incendiar-lhe a esquadra ainda surta no porto. Querendo em pessoa comandar a expedição, antes de partir vai se despedir de sua amada Marina.

O segundo ato leva-nos primeiro ao harém do paxá, e depois ao cais do porto de Rodes. Para ver as disposições do inimigo, disfarçado de dervixe, Leandro apresenta-se ao paxá como prisioneiro que conseguiu escapar aos piratas. Os seus homens lançam fogo aos navios turcos, e ele, largando o disfarce, arranca a espada e põe-se à frente da sua gente, derrotando no primeiro ímpeto as forças do paxá, cuja favorita, Dilara, Leandro salva dentre as chamas do serralho. Mas refazendo-se do primeiro golpe e à vista do pequeno número de agressores, voltam os janízaros, põem em fuga os piratas e aprisionam-lhes o chefe.

No terceiro ato o paxá acusa a favorita de amar o pirata, e a suspeita era fundada, pois que logo depois a vemos no cárcere deste, propondo-lhe a fuga e oferecendo-lhe um punhal para assassinar o paxá.

Leandro recusa, e Dilara vai por suas mãos cometer o assassinato. Para salvar a quem por ele se perdia, resolve o pirata fugir. O final passa-se na ilha dos piratas. Marina, vendo perdido o amante, toma veneno, e Leandro apenas chega a tempo de assistir-lhe os últimos momentos. Desesperado, atira-se ao mar, e Dilara acompanha-o no seu gesto desvairado.

A partitura, dedicada à imperatriz dona Teresa Cristina Maria, era de autoria da condessa Rafaela Rozwadowska, esposa de um certo conde de Rozwadowski, cidadão brasileiro, ex-major do estado-maior do nosso Exército, e que residia no Rio de Janeiro, preocupando-se na ocasião com questões relativas à colonização. A condessa, como elogia o *Correio Mercantil* nas suas "Notícias diversas", era "vantajosamente conhecida entre nós como distinta professora de música".

A crítica recebeu mal a nova ópera, que o libretista não viu representada.[36] "É uma enfiada de toadas que se sucedem sem nexo nem ordem, pedaços soltos e infelizmente todos mais ou menos triviais", considerava o *Jornal do Commercio,* de 4 de dezembro de 1861. Aliás a precipitação com que foi posta em cena, antes de devidamente ensaiada, parece que contribuiu para o fracasso. A própria senhora condessa, ao ser anunciada a segunda récita, faz uma declaração nos jornais, dizendo-se "alheia à representação que a empresa sem conhecimento algum dela" ia realizar.

* * *

Os proventos que Manuel Antônio de Almeida recebia como diretor da Imperial Academia de Ópera Nacional eram praticamente nulos, e em socorro do médico sem clientela vem o governo imperial, que o nomeia, em fins de 1857, por interferência do conselheiro Souza Franco, então ministro dos Negócios da Fazenda, administrador da Tipografia Nacional, que funcionava no pavimento térreo do lúgubre edifício da Câmara dos Deputados, onde hoje se ergue o palácio Tiradentes, em substituição a um senhor Brás Antônio Castrioto, que se aposentara com 35 anos de exercício do cargo.[37] Se não fossem as achegas que lhe proporcionavam o jornalismo, o ordenado daria apenas para não morrer de fome — 800 mil-réis anuais, com mais 400 de gratificação. O posto isentava-o, por lei, de todo serviço militar, e tinha a seu cargo a guarda e o asseio do estabelecimento, bem assim como o pagamento de operários, ficando responsável pelos erros de tipografia que aparecessem nas leis que se imprimiam, fazendo-se a reimpressão à sua custa. E foi nesse modestíssimo posto que deixou marcadas para a posteridade a finura do seu espírito e a grandeza do seu coração. Recebia quase que diárias queixas do chefe das oficinas sobre um rapaz aprendiz de tipógrafo, "cujo trabalho não rendia", pois largava constantemente a ocupação para ir ler nos cantos pouco frequentados da oficina. O rapazola foi afinal chamado ao gabinete. Manuel Antônio de Almeida simpatizou-se com ele e informou-se da sua vida. Soube que tinha um salário ínfimo, comia mal, morava mal, dormindo não raro nos bancos duros da oficina. Viu que se tratava de "alguém" que precisava ser protegido e protegeu-o, não só usando da sua posição de administrador, como honrando-o com sua amizade. Apresentou-o a Pedro Luís Pereira de Souza, a Francisco Otaviano e a Quintino Bocaiuva. Foi o começo da carreira desse rapaz que se chamava Joaquim Maria Machado de Assis e que, numa considerável bagagem literária e periodística, não deixou muita coisa escrita sobre seu amigo e protetor — o que é bem machadiano. Nos "Comentários da semana", que fazia para o *Diário do Rio de Janeiro,* a 11 de dezembro de 1861, sob o pseudônimo de *Gil,* abordando cinco assuntos — Morte de dois príncipes; Naufrágio do *Hermes*; Exposição; Artistas para teatro; e Gonçalves Dias —, Machado de Assis dedica 34 linhas da sua coluna ao elogio do amigo morto em frases de convencional sentimento:

Morreu ali um grande talento, um grande caráter e um grande coração... Perdeu a pátria um dos seus lutadores, os amigos o melhor dos amigos, a família — duas irmãs apenas — um braço que as sustinha e um coração que as amava...[38] Para que escrever-lhe o nome? Todos hão de saber de quem falo... Eu era seu amigo na vida; na sua morte dou-lhe uma lágrima sentida e sincera.

Mais tarde há as poucas e desenxabidas palavras numa crônica de *O Futuro*, de 15 de fevereiro de 1863, e que afinal foram ditadas por uma lembrança de Quintino Bocaiuva:

Com a publicação do IX volume da *Biblioteca Brasileira*, termino a parte literária da quinzena. Contém este volume a primeira parte do romance do meu finado amigo, dr. Manuel Antônio de Almeida, *Memórias de um sargento de milícias*. A obra é bem conhecida, e aquela vigorosa inteligência que a morte arrebatou de entre nós, bastante apreciada, para ocupar-me neste momento com essas páginas tão graciosamente escritas. Enquanto se não reúnem em um volume os escritos dispersos de Manuel de Almeida, entendeu Quintino Bocaiuva dever fazer uma reimpressão das *Memórias*, hoje raras e cuidadosamente guardadas por quem possui algum exemplar. É para agradecer-lhe esta piedosa recordação do nosso comum amigo.

Mas Machado de Assis dedicou "Ao sr. dr. M. A. d'Almeida" a poesia "Álvares de Azevedo", inserta em *A Marmota,* de 12 de janeiro de 1858, que não incluiu nos seus livros de poesia, e a data da dedicatória corresponde ao encontro entre aprendiz e diretor. Dedicou-lhe, outrossim, "Ao sr. dr. Manuel Antônio de Almeida", o artigo "O jornal e o livro", estampado no *Correio Mercantil* de 10 e 12 de janeiro de 1859; grafava o nome do ofertado de maneira diversa da primeira dedicatória, conquanto na data ainda se encontrassem, ofertante e ofertado, na Tipografia Nacional. Além disso, há um anúncio em que, com outros amigos, convida para uma missa mandada rezar pela alma do morto e ainda escreve uma poesia declamada por dona Gabriela da Cunha, no Teatro Ginásio, em 6 de fevereiro de 1862, por ocasião de uma récita em favor das irmãs de Manuel Antônio de Almeida.[39] Depois disso não se conhece referência machadiana ao autor das *Memórias.* É provável que Machado não o reputasse muito, e quando se funda, em 1897, a Academia Brasileira de Letras, o grande escritor das *Memórias póstumas de Brás Cubas* escolheu para patrono da sua cadeira de fundador, a cadeira número 23, o romancista José de Alencar, e foi Inglês de Souza quem lembrou o nome de Manuel Antônio de Almeida para o da sua cadeira, a cadeira número 28.[40]

* * *

Das dificuldades financeiras em que sempre andou envolvido Manuel Antônio de Almeida, desesperando-o e deprimindo-o, são provas concretas as cinco cartas achadas por Darcy Damasceno, em 1958, na correspondência passiva de Francisco Ramos Paz, quatro delas dirigidas ao próprio Ramos Paz e a quinta a José de Alencar, assim como as outras dez escritas ao seu fraterno amigo Quintino Bocaiuva e constantes do arquivo do grande republicano e cuja cópia devemos ao ministro Ranulfo Bocaiuva Cunha, preciosidades de que só se veio a saber da existência após o feliz achado de Darcy Damasceno.

São documentos que espelham com fidelidade as suas angústias, os seus sobressaltos, as suas indecisões, a sua desorganização financeira a par de seus escrúpulos, de sua honradez e lealdade, que trazem muita luz para os últimos anos da atormentada vida do escritor, que confirmam muita suposição forjada pelo escasso material que nos fora legado, mas que nunca, e nem de leve, tocam nas suas ambições literárias, como se elas não existissem, como se o seu romance nem dele merecesse crédito.

Comecemos pelas três que endereçou ao seu caro Quintino, que em Petrópolis repartia com Augusto Emílio Zaluar as responsabilidades redatoriais de

O Paraíba, editado entre 1857 e 1859, e respeitando fielmente todas as imperfeições dos originais, frutos de pressa, nervosismo e desleixo.

4 de março 1859

Meu Quintino.

Como te achas de saude e de espirito? Eu vou bem de uma e mal do outro. É a regra; e anda bom de um e não vá mal de ambos.

Recebi a ordem de 500$000 que foi pontualmente paga. A outra se-lo-ha também amanhã, pois já tenho com que em minha mão. E não foi mister recorrer a teu tio que aliás se prestava a coadjuvar-nos.

He mister porem que me não faltes com a nova ordem que me promettestes, e mesmo que previnas a teu tio para acudir-nos em apertos futuros. Fomos pontuaes, temos agora direito. Não se rias... Que direito temos nós a que nos prestem taes serviços?

Pelo que me disseste nas tuas cartas, ajuizei que tinhas por ahi algum grande plano de fortuna... fallavas-me com tanta confiança no futuro! Manda contar-me isso por miudo. O verdadeiro he vires para a côrte, pois temos muito que conversar.

Não te fallo sobre politica porque a miseria he cada vez maior. A Gazeta Official ficou adiada até que venhão as

*camaras para se pedirem fundos. Quererão alugar-me a
pena, mas o negocio está suspenso, porque eu declarei que
não recebia dinheiro da nação sinão pelo Thesouro, em
verba conhecida.*[41]

Adeus.

*Vem que fazes aqui muita falta, ao coração sobre
tudo...*

Teu

MANECO.

* * *

11 de julho 1859

Quintino.

*Hoje de manhã te escrevi, quando ainda não havia
recebido a carta que me escreveste pelo Murinelli.*[42] *Vou
dar cumprimento ao que me mandas para o Remigio*[43] *e
para o Mercantil.*

*Quanto ao mais, devo dizer-te que para cousas muito
urgentes preciso de 2:000$, notando que não entrão nessa
conta os 500$ que me mandaste. Ainda assim não poderei
desempenhar meus ordenados, para o que seriam precisos
talvez mais 800$ ou 1:000$.*

Isto, rogo-te, he para livrar-me de vexames perigosos.

Quanto a endireitar a vida, seria muito, talvez o triplo.

Manda-te dizer o Emilio que já que achaste meios por lá que lhe arranjes ahi uns 2:000$ sem premio por 24 meses. Isto he um pao por um olho!

Adeus.

Volta que anciosos te esperamos.

Teu

Maneco.

Recomendo-te ainda urgencia nos arranjos.[44]

* * *

27 de julho 1859

Quintino.

Não está mal que se queixes tu do meu silencio, quando por ahi já todos te dão por morto, uma vez que ha bons dois meses que ninguém tem noticias tuas. Como quer que seja, vejo que tem havido extravio das tuas e minhas cartas, e assim tudo se explica. Agradeço-te o enviado que costumamos a tomar pelos meus tristes negócios. A grande tormenta serenou, como já te mandei dizer, mas não imaginas por que qualidade; e por que quantidade de vexames tenho passado. Livre d'aquelle grande perigo, não posso entretanto estar em circunstancias mais desesperadas: todos os dias se me vence um vale, uma conta, uma lettra, que não pago por que não tenho com que, e que ficão adiados para o dia seguinte me cahirem em cima de novo. Ainda não me mudei para St.º Amaro por não ter dinheiro. Por mal de pecados, estou reduzido á metade do que ganhava, porque me levarão as provas da Typ. o que quer dizer que tendo rebatido o que era propriamente ordenado, estou literalmente sem vintem!

Lembraste que me havia o Salles promettido mundos e fundos com a historia da Gazeta Official, e por ordem delle deixei as provas, que me davão, como sabes, tanto como o ordenado e a gratificação.

Encartou-se para esse trabalho um outro filho da miseria, como eu; de maneira que agora que a Gazeta não se realizou, não me soffreria a coração, nem quero carregar com a odiosidade de desalojar o coitado! Fico pois a ver navios! Ainda mais. Para compensar taes desarranjos, tinha aceitado um lugar de tachigrapho (!) que me davão no Senado, com 500$ mensaes. Mandei pedir licença ao Salles e negou-m'a, aliás com considerações muito razoaveis relativas á cattegoria do lugar que occupo!

He tudo isto resulta que estou perdendo actualmente 700$ mensaes!

...Não fallemos mais nisto.

Não vi ainda o Saldanha;[45] *mas desconfio muito que elle não.*[46]

* * *

Em 30 de setembro de 1859, Manuel Antônio de Almeida foi substituído no cargo de administrador da Tipografia Nacional pelo senhor João Paulo Ferreira Dias. O governo imperial, vindo novamente em seu auxílio, e sempre por intermédio do conselheiro Souza Franco, o único homem público que se interessou por ele, melhorava um pouco a sua condição, nomeando-o segundo oficial da Secretaria dos Negócios da Fazenda, com dois contos anuais e encarregando-o, "para aproveitar os seus talentos", da comissão "de escrever a história da administração da Fazenda, rever a legislação especial desta repartição, acompanhando-a de detalhes históricos e econômicos, sobre os impostos, sobre a moeda e a organização dos bancos".

Manuel Antônio de Almeida chegou a coligir muitas notas interessantes, mas a obra era para um economista, viu bem, e abandonou-a honestamente. Com Francisco Ramos Paz, Remígio de Sena Pereira, Machado de Assis e Rinaldo Montoro,[47] traduziu a parte descritiva do *Brasil pitoresco,* de Charles Ribeyrolles, mas "os tradutores desta obra não têm de que desvanecer porque tudo foi feito às pressas", como confessaria um deles, o sr. Ramos Paz. Impresso na Tipografia Nacional, dá uma ideia do atraso das artes gráficas, então, no Brasil — tem erros de toda a espécie.[48]

* * *

A situação pecuniária de Manuel Antônio de Almeida continuava aflitiva e, em virtude disso, decaía dia a dia. Perdera a alegria, o olhar era outro. Por vezes parava no meio de seu trabalho de redação e escondendo a cabeça nas mãos pedia a morte como a única solução para sua vida. Deslocado na sociedade, sentindo-se capaz de tanta coisa e tão pouco compreendido e amparado, sofria doidamente a sua miséria. Mas ainda lutava.

Augusto Emílio Zaluar esperançava-o:

— Procurasse meios de ir à Europa. Fugir ao meio. Seria útil... Talvez um empréstimo...

Vinha o demônio da superstição que sempre o dominou:

— É esse o meu maior desejo! Mas sinto uma voz oculta que me diz que no dia em que sair à barra pela primeira vez sou vítima de algum desastre!

E traduz *O rei dos mendigos,* de Paulo Feval, tru-
culento romance de capa e espada, que em livro forneceu
matéria para seis alentados volumes, publicados em
1860. E traduz folhetins para o *Diário do Rio de Janeiro.*

* * *

As constantes complicações da vida econômica
de Manuel Antônio de Almeida nunca foram bem
explicadas por aqueles que dele trataram, mesmo
sendo pessoas da sua maior intimidade, como é o
caso de Augusto Emílio Zaluar e Francisco Joaquim
Béthencourt da Silva, e que foram, dentre todos, os
que mais carinhosamente o evocaram. Como não lhe
bastassem o emprego na Secretaria dos Negócios da
Fazenda e as achegas do jornalismo e das traduções,
que poderiam lhe proporcionar um padrão modesto de
vida, mas isento em princípio de penúria, tanto mais
que a sua família não era numerosa, é para se supor que
tivesse ainda de sustentar uma ligação que lhe onerava
os orçamentos de maneira irremediável e que, com o seu
brio de homem honrado, ou apaixonado, não tivesse forças
de romper, e, então, a omissão dos amigos a respeito não
fosse mais que um ato pundonoroso. E a probabilidade
dessa segunda família é o que atiladamente aventa

Darcy Damasceno depois que, em 1958, encontrou na correspondência passiva de Francisco Ramos Paz, incorporada ao patrimônio da Biblioteca Nacional do Rio de Janeiro, cinco preciosíssimas cartas de Manuel Antônio de Almeida, "fato providencial para a nossa literatura porque, primeiro, lança uma nova luz sobre o trecho final da existência do romancista, e, segundo, anula a tradicional tirania do autógrafo único", como diz o pesquisador no pequeno e lúcido estudo que precede a publicação dos manuscritos no número de dezembro de 1958 da *Revista do Livro,* publicada pelo Instituto Nacional do Livro.[49]

E pelos cinco manuscritos encontrados supõe-se que, não para "reajustamento do seu sistema econômico, mas para uma contemporização com os credores", Manuel Antônio de Almeida refugia-se em Friburgo em fins de 1860, deixando a cargo do seu fraternal amigo Francisco Ramos Paz os seus interesses no Rio — encargo que Capistrano de Abreu registra ao retratar a figura de Francisco Ramos Paz, indicação que passou despercebida a todos os biógrafos do romancista, menos ao estudioso Darcy Damasceno. Mas seria lícito supor-se ainda que, além dos impertinentes credores, a fuga para a pequena cidade serrana estivesse também unida a um caso amoroso.

Na primeira carta, datada de 17 de novembro, ressaltam dois valiosos dados, que Darcy Damasceno acentua no estudo que fez sobre elas: "a fuga precipitada aos credores" e "a alusão à família com a qual viajara", que faz crer não eram as irmãs, tanto mais que na segunda, de 25 de novembro, novamente se refere a tal família e na terceira, de 30 de novembro, há uma "velada ameaça a um misterioso Jorge Neylor", que talvez tivesse relação com o seu caso amoroso.

Mas vamos aos manuscritos, dos quais respeitamos a grafia, cheia de abreviaturas, de erros ortográficos, de lapsos e de deficiente pontuação, tal como o fez Darcy Damasceno, quando os reproduziu na *Revista do Livro*.

* * *

Chico. 17 de novembro.[50]

N. Friburgo

Chegamos hontem a tarde, muito fatigados, mas sem novidade. Ficamos no Hotel Leonrote, por estar a caza desprovida de tudo. Os meus calculos a respeito de despezas forão os exactos; os teus falharão todos. Poderei aqui viver perfeitam.ᵉ com o producto das traducções. Precederão-me as dividas, mas tenho já alg.ᵐ credito, de que não espero abuzar.

Procura no Diario *a carta que espero lá ter com o dinheiro. Si não a tiverem deixado indaga do Ama[51] q.ᵐ foi o rapaz da Opera, que recebeo dinheiro no Thesouro com elle e com o Cintra no m.ᵐᵒ dia; é esse o q ficou de deixar a carta com 20$000. Remette-me das nossas contas o que puderes. Si fallares com alg.ᵐ credor, dize-lhe que vim trazer m.ª familia e que volto p.ʳ todo este mez. Dep.ˢ te escreverei mais detalhadam.ᵉ. Tudo que mandares seja em carta segura.*

Recomenda-me ao Per.ᵃ[52] e a toda a rapaziada.
Teu do coração

MANECO

Chama singularmente a atenção, nesta carta, o fato de asseverar que em Friburgo poderia "viver perfeitamente com o produto das traduções". E se era assim, por que não fazê-las no Rio, quando teria os mesmos gastos de manutenção e onde tinha comprovados amigos e maiores possibilidades? E isto é que nos parecia fortalecer a suposição de que um complicado caso amoroso se mistura à perseguição por dívidas.

* * *

Chico

Friburgo 25 N. 1860

Só hoje recebi a tua carta de 22. Fico sciente do que me dizes e agradeço-te os cuidados que tens tido por mim. Trabalha, mas sem affligir-te por me enviares algum dinheiro, seja d'aqui, seja d'ali. O rapaz da Opera, creio que é m.^{mo} o Andrade. Estou sem vintem: felizme.^{e} não tenho outras despezas por ora, alem da lavadeira, mas sabe quanto custa estar com familia e in albis.

Ahi vai a carta para o Souza Lima.

Não mandei, nem posso ainda mandar romance apesar de já ter muito adiantado: o que estou traduzindo é pequeno, e quero mandar o primeiro volume de uma vez.

Tenho recebido Mercantis e Diario. Por este ultimo vi que se começou a publicar novo folhetim. O meu sahirá q.^{do} puder ser.

Si souberes por lá de algum romance bonito manda-mo: os dois que trouxe são ruins, e só me decidi a traduzir um delles para não perder tempo.

Sabes como tivemos que fazer na vespera da partida. Foi porisso que não dice adeos aos rapazes; mas já lhes escrevi uma circular.

Saudades a todos.

Seu do C.

Maneco

As aperturas de dinheiro continuam mencionadas — "estou sem vintém", acentua. Poderia viver perfeitamente no seu refúgio com o produto das traduções, como dissera na carta anterior, mas certamente não eram elas pagas adiantadas...

* * *

Friburgo 30.

Chico

Já respondo á tua de 22, mas quero ainda lembrar-te que, quando mandares o Paletot, me mandes tambem a minha escova de fato, que não veio e me faz falta. Pede ao Quintino[53] que me mande, pelo pé delle, um par de botinas, que sejão p.^m um bocadinho largas.

Indaga si chegou o Frond[54] e si recebeo um trabalho que lhe mandei.

Dá lembranças a todos os rapazes, e pergunta ao Eduardo como vão os nossos credores de.^s da m.^a ausencia.

Ad.^a Teu

MANECO

Volte

Si vires o Jorge Neylor dize-lhe de m.ª parte que cada vez me convenço m.ˢ de que elle é um rapaz muito discreto, mas que se lembre que eu posso retribuir-lhe a leviandade e pô-lo nos mattos.

* * *

Chico. N.F. 11 10ᵇʳᵒ 1860

Não tenho recebido novas nem mandados teus, o que me tem inquietado. Vê, pois, si te vendes menos caro, caso não tenha havido motivo justificavel pʳ tal silencio.

Mandou-me dizer o Conde que por seu intermedio, tinha sido entregue a Antonio Dias uma carta com dinheiro pª mim. Até esta data ainda não a recebi. Indaga si ja partio d'ahi o tal Dias, que é aqui conhecido, por que quero escrever-lhe pʳ Cantagallo reclamando a carta.

Si ja pilhaste os 20$ do rapaz da Opera, manda-m'os, que com a demora da carta do Conde tenho andado baldo ao naipe.

Que novidades ha por ahi? Meus credores mordem-me muito na pelle? Mesmo aqui não me abandona seu pesadello.

Há noticias do Zaluar? e do Emilio?
Ads. Dá lembranças ao Remigio e ao Antonio Carlos.
Ads. Teu

MANECO

Não te esqueças das botinas q. mandei pedir.

* * *

Não sabemos se a carta com dinheiro chegou, não sabemos se os 20 mil-réis foram embolsados, mas sabemos que as botinas foram remetidas, e por sinal devidamente amaciadas pelo remetente, graças às cartas posteriormente encontradas no arquivo de Quintino Bocaiuva. Como por elas sabemos que Manuel Antônio de Almeida se acompanhava das irmãs e de um escravo, que mais tarde dispensou, que jamais alude a qualquer caso amoroso, como era suposição de Darcy Damasceno, e ainda que Adélia Guilhermina, a mana que na intimidade Maneco tratava por Adelina, fora levada enferma para Friburgo, enfermidade que não conseguimos esclarecer porquanto nas linhas que a isto se refere o faz de um modo vago e não com o rigor de médico, como seria de esperar dado o seu grau.

Nova Friburgo 4 de J. 1861.[55]

Quintino.

Já sabia do teu casamento e felicito-te muito cordialmente.

Déste um paso que, realisando sem dúvidas um impulso do teu coração, é uma garantia para tua familia — tuas irmãs — que eu me affligia de vêr dispersa e separada de ti. Esta consideração deve fazer callar quantas arguições se possão levantar contra a soffreguidão que se queria attribuir a tua decisão em vista de tua pouca idade. Os que nunca tiverão o seu lar disperso não calculão quantas amarguras isso custa ao coração... Deve ter muitos encantos tua noiva, pois que embebido na sua contemplação esqueceo-te dizer-me quem é, e como se chama! Dize a noiva que sou obrigado a pedir-te que apresentes meu respeito á Exma. Sra. D.?

Minhas irmãs muito do coração me acompanhão nas felicitações que faço a essa venturosa incognita. Temos suspeitas de quem seja, — eu ao menos —, mas quem, antes de ti, me deo a noticia, não me forneceo um complemento indispensavel.

Inquieta-me o que me dizes a respeito de tua saúde e da de tua irmã, e penso que te dou um bom conselho, quer por ti, quer por ella, dizendo que se não devem deter no emprego dos meios indicados pelos medicos, nenhumas considerações de zelo exagerado pelas tuas obrigações. Tens já feito bastante pelo Diario para que te não seja licito cuidar de tua saude e da dos teus.

Salta tanto aos olhos a evidencia disto, que me parece inutil argumentar. Entretanto, dir-te-hei sempre que, a serem verdadeiras as tristes aprehensões do Pertence[56] — que de modo algum deves despresar —, o sacrificio que agora queres evitar retirando-te por algum tempo da Côrte, não poderão ser dispensado mais tarde, quando correr o risco de já não ser proveitoso. É pois uma imprudencia que nada remedeia. Isto é verdade não só pelo que te respeita, mas pelo que toca a tua irmã. Em pouco tempo tenho conhecido milagres do clima de Friburgo; não ha desespero que aqui se não transforme em esperança. Causa espanto ver como aqui encontrão saude doentes condenados por medicos como o Rocha, e o Valladão![57]

A unica difficuldade real que eu posso enxergar na tua vinda seria a dispensa, por que podes não estar habilitado. Entretanto para que não te assombres vou supor o que pode gastar cada pessoa, para o caso de que te resolvas a tomar o acertadissimo alvitre de vir. Paga-se por pessoa livre 2$000 da Prainha a Sampaio na barca, 2$000 de Sampaio a Porto das Caixas em carro, 6$000 do Porto das Caxias a Caxoeira no Caminho de Ferro e 8$000 *por um animal de Caxoeira a Friburgo. Quanto a cargas calculando duas canastras por pessoa, custa isso 10$000 da Prainha a Friburgo (tantas duas canastras quantos 10$000).*

Ha ainda a despesa de uma noite de pousada na Caxoeira e da alimentação, que não chega talvez a 4$000 por pessoa.

Aqui tens quanto á viagem.

Agora quanto ao passadio em Friburgo, da-se quarto limpo, secco, claro, arejado e independente, luz, banhos, roupa de cama mudada todas as semanas, botas limpas e mais serviço miudo; ao amanhecer mingáo, caffé, simples ou com leite, chá e pão (a escolha); as 10 horas almoço de 5 pratos para cima; á 1 hora da tarde caldo, as 4 jantar na conformidade do almoço; as 8 da noite chá com os seus pertences... tudo isto por 3$000 diarios para cada pessoa! É pasmoso, não he? Pois é verdade porque nesse regimen vivo eu aqui. Acresce que o serviço da comida é feito á mesa redonda ou nos quartos á vontade dos hospedes, sem que isso altere o preço da diaria.

É absolutamente dispensavel trazer escravos; somos perfeitamente servidos e desde que aqui estou não tenho sentido falta delles, tendo até reenviado um preto que havia trazido por inutil. (Os escravos pagáo na viagem e aqui no Hotel metade da despesa das pessoas livres.) Assim *a viagem para ti, tua senhora e duas irmãs custar-te-ha de 150$000 a 180$000 não mais, por que ha ainda a despesa indispensavel de um guia para. O passadio 360$000 por cada vez. Demorando-te trez mezes gastarás, incluindo a despeza de regresso perto de 1:500 a 1:600$. Não fallo de extraordinarios por que aqui não os ha, a não ser algum passeio a cavallo, que custa apenas 1$500!*

Ganhas no Diario 300$ (?) mensaes; já vês que o excesso não é cousa pela qual se deixe correr risco a saude de uma pobre moça, que ainda não viveo.

A tudo que fica dito acrescenta que encontra-se aqui no Hotel uma familia de gente carinhosa que tratam as hospedes como a parentes. Enfim quando te resolveres a vir faze-me aviso marcando dia impreterivel *para que eu dê as providencias necessarias para que tenhas bons animaes para a subida da serra, pois os que ha na Caxoeira não prestão.*

Resolve-te, pois não ha no que te digo o desejo de te ver aqui, mas meu zelo por ti e pelo que a ti pertence. Em todo o caso, si não puderes vir com toda a familia e quiseres confiar tua irmã á companhia das minhas, sabes que isso me daria o maior prazer; não hesites pois por temer de dar-me o menor encomodo.

Adelina, depois de alguma recrudescencia (o que aliás sempre succede aos doentes que chegão) passa agora muito bem. Está engordando, tomando côres, ultimamente quasi não tem tido attaques, e é muito sensivel a reforma que experimenta no seu temperamento, causa principal de tudo quanto tem soffrido.

Eu e Eulália passamos ás mil maravilhas.

Previne ao Saldanha que tendo calculado em 150$ a importancia dos dois volumes de tradução que mandei, e que já o Diario começou a publicar, dei aqui uma carta de ordem contra elle na importancia de 100$000, que lhe será apresentada de quinta feira em diante. Si o que já estiver publicado até essa data ainda não importar nos cem mil rs. tenha elle a bondade de adiantar a diferença por conta do que ainda estiver por publicar.

Recebi as botinas, que muito te agradeço. Fizeste bem em mandal-as sovadas.

Da saudades a todos esses rapazes.

Resolve-te a vir. Não facilites. Quando voltares cuidarás então em arranjar casa.

Adeus.

Teu do coração.

Maneco

* * *

Nova Friburgo, 8 de Fev.° 1861.

Quintino.

Recebi hoje ao mesmo tempo as tuas cartas de 2 e de 5 do corrente. Está pois, explicado por que me queixava do teu silencio.

O que me dizes a respeito de folhetins rendeu-me os maiores apuros, pois bem sabes que nem eu, nem tu, podiamos contar com esse terrivel contratempo, que põe o Diario na impossibilidade de acertar e remunerar o meu trabalho. Sabes que desde muito assentei em não offerecer nem acceitar trabalho do Mercantil estipendiado. O que hei de fazer agora? O Muzzio escrevendo-me ha poucos dias falla-me em lutar com coragem! De que serve a coragem quando faltão combinações tão razoaveis como aqui eu havia feito contando com as traducções do Diario para manter-me aqui? Pedes-me um plano! Tenho a cabeça ôca e o coração amargurado; sinto-me incapaz de cousa alguma. Está-me parecendo que se conseguir arranjar uma cadeira de qualquer cousa em qualquer dos collegios aqui existentes, não terei remedio senão ficar em Friburgo. Vocês todos hão dizer que isto é um disparate. Mas indiquem-me se são capazes d'um plano melhor, si é que isto se pode chamar plano.

Offerecerão-me capitaes para fundar aqui uma Casa de Saude, ideia evidentemente lucrativa. Mas isto amarrava-me de pés e mãos: de um momento para outro o vento da fortuna podia soprar no sentido de minha vocação e de minhas aptidões, mas então já não seria tempo de largar ao abandono capitais alheios. Em todo o caso, porem, mesmo quando as circunstancias me resolvessem a sem sacrifício — que equivale a annular-me completamente — no momento de se fazer o contracto official, não recuaria o capitalista diante da minha insolubilidade, que eu não poderia esconder?

Tenho os miolos calcinados de resolver hypotheses sem achar uma sahida para a minha penosa situação, e, ainda por cima, tudo isto mais se agrava com a revelação que fazes a respeito do seu estado, no que sabes que tomo parte como em negocio pessoal! Valha-me Deus! Já se vio um aborto mas desastrado de tão lisonjeiras esperanças?

Tenho uma traducção em mais de metade; manda-me dizer se a devo em todo o caso remetter ao Diario, ou si será melhor ver (lembrei-me agora disto de repente) si, por intermedio do Cussen, o Jornal do Comercio a quer comprar, para não se perder o trabalho.

Ahi vão 50$960 da publicação que por minha ordem fez o Diario.

Esquecia-me ha pouco da Assembleia Provincial. Quem ha de querer para Deputado nas circunstancias actuaes de luta a um pobre diabo como eu? Depois não te parece que acabarei por cahir no ridiculo com tanta pretenção? Enfim logo conversaremos.

Não deixes nunca de escrever-me.

Manda-me o teu pamphleto.

Recommendações a D. Lulú.[58]

Teu irmão

MANECO

* * *

Nova Friburgo 30 de Março 1861.

Meu Quintino.

Lamento os teus tersois, sei o que elles custão. Eu vou agora melhor d'essa praga, e desejo que te succeda o mesmo.

Podes apropriar-se não só dos jornaes, mas de tudo quanto fôr meu, e que te possa prestar utilidade. Vê se encontras na minha papelada as cartas da L. e da C.[59] *Guarda-as para que não vão parar em mãos indiscretas. Fallas-me em voltar; não o farei antes do mes de maio, pois até lá se prolonga a renovação da licença que obtive, e que quero esgotar em proveito de Adelina.*

Desejava bem poder passar aqui o inverno, mas tenho medo da justiça do escrupuloso Paranhos.

Lamente-se como me lamentava pela carencia de recursos, em que ambos nos achamos. É bem irmã e bem bonita a nossa sorte! Eu já tenho esgotado toda a resignação, e ha momentos em que me entrego a um verdadeiro desespero, aliás ineficaz, mas que não está em mim (ilegível).

Conheço o Saldanha, faço toda justiça a suas intenções, e não sabes o que me custa importunal-o. Entretanto como elle mesmo disse ao Conde que eu tinha lá 200$, mandei te fallar da remessa dessa quantia. Até agora ainda não veio. Emetti uma ordem de cem mil rs. Peço que previnas ao Saldanha disto, e com toda a instancia lhe peças para que a cumpra caso ainda não tenhas entregue os 200$ ao Conde.

Imagino que eu teria aqui o dinheiro de que carecesse, se acaso tivesse sido cumprida a primeira ordem que mandei, e da qual esta segunda não é sinão uma renovação. Fiquei porem de mãos quebradas com semelhante falta. Não se descuides desse negocio.

Adeus. Visita nossa a sua Senhora e lembranças a todos.

Teu

MANECO

PS. Vê também se entre os meus papeis achas os meus títulos de empregado do Thesouro, e manda-me dizer.

* * *

Entre os cinco manuscritos que devemos a Darcy Damasceno, há um datado de 13 de junho de 1861, cinco meses, portanto, antes da trágica morte do romancista, que não é, na verdade, uma carta, mas o rascunho duma carta, que talvez não tivesse sido remetida, ou, se o foi, quis Manuel Antônio que o seu dileto amigo Ramos Paz — o Chico — dela tomasse conhecimento, pois, não dirigida a ele, entre os seus papéis foi encontrada. Destinava-se a José de Alencar, que, levado pelas asas da fama literária, guindara-se às alturas vertiginosas do prestígio social e político. E nestes termos está redigida:

Nova Friburgo 13 de junho de 1861

Alencar.

V. ha de ter paciencia de ler esta carta até ao fim, por comprida e maosoante que ella lhe pareça. Trata-se de um negocio para mim da mais decidida importancia, e espero das boas relações que nos ligão, que isso lhe não será indiferente. V. sabe si eu tenho ou não lutado com a vida, e si mereço dos que me são affeiçoados auxilio e protecção. É um grande favor que lhe quero pedir, mas V. deve crer que, com tudo quanto lhe vou dizer, não tenho de modo algum a pretenção (de) violentar a sua integridade. V. me servirá se a isso se não oppuser o voto de sua consciencia.

V. conhece a ideia da obra publicada pelo Victor Frond e pelo Ribeyrolles — O Brazil Pittoresco. — Pela parte até hoje conhecida pode-se desprevinidamente verificar si houve ou não consciencia no trabalho e boa fé nos compromissos. Morto o Ribeyrolles, nem porisso desistio o Frond de completar o seu plano, isto é de prolongar a todo o Imperio o trabalho até aqui unicam.^{te} feito sobre o Rio de Janeiro. Já vê V. que é uma empresa grandiosa. Chamou-me o Frond para seu socio, e eu não duvidei aceitar, visto a honestidade e utilidade do trabalho: a empresa he hoje, pois, de nós ambos. Sem desvanecimento creio que ella ganhou com isso: uma obra sem.^e feita sob as vistas e direcção de um brasileiro consciencioso, não pode sinão adquerir maior merito, e por consequencia servir melhor a seus fins.

O plano a desenvolver será, como já fica dito, estender ás demais Provincias, o trabalho até agora feito sobre a Capital.

O texto do resto da obra, como o da primeira parte, será escripto em duas lingoas — francez e portuguez. Pretendemos que a parte franceza seja escripta pelo E. Pelleton, que se fará vir da Europa, como se fez vir o Ribeyrolles; as vistas serão photographadas pelo Frond e por mais dois dos melhores artistas, que também se farão vir de Paris, as photographias serão depois litographadas com o mesmo esmero que as da primeira parte. Á mim cabe-me a colheita e fornecimento de dados estatisticos e historicos, a indicação dos pontos mais importantes a tratar, a traducção do francez p.ª o portuguez, emfim a rectificação geral da obra e a inspiração do espirito que a deve dominar. Uma vez feita a grande edicção, faremos tirar na Belgica outra edicção em menor formato — das chamadas: — de chemin de fer, *para tornar o trabalho accessivel a todas as fortunas e vulgariza-lo o mais possivel. Deste modo ao lado de uma bella obra de arte, como talvez não possua no mesmo genero paiz algum, tiraremos a vantagem, de tornar a nossa terra conhecida na Europa, cousa como sabes indispensavel p.ª servir aos interesses da nossa colonização. Não sei que ideias V. nutre a respeito, mas qua(e)squer que sejão, estou certo, que V. não desconhecerá que falar com verdade a imaginação e ao espirito, é hoje um dos meios mais eficazes de que se possa lançar mão para attrahir sympathias e levantar no estrangeiro o credito do nosso paiz tão atroz.ᶜ calumniado.*

Para empresa porem de seme.ᶜ vulto, sabe V. muito bem que não bastão unicam.ᵉ os recursos particulares: si não houver auxilio official nada se poderá levar a effeito. Tinhamos pensado a principio em pedir as Camaras um auxilio de loterias, e já se havia disposto tudo para isso, quando nos occoreo a lei do anno passado, que acabou com esse modo de auxilio official. O João de Almeida Per.ª,[60] que é nosso principalm.ᵉ (sic) protector; e que se tem comnosco empenhado pelas promessas mais formaes lembrou-se então de fazer passar na lei do orçamento deste anno um artigo authorisando o governo a prestar-nos o seu concurso. É nisto que V. nos pode prestar a maior utilidade, não só pelo seu voto simples como Deputado, mas principalm.ª como membro da comissão de orçamento.

Segundo as asseverações do João de Almeida o governo está disposto em nosso favor, e por promessas que nos tem sido feitas a ideia não soffrerá impugnação alguma por parte da opposição. Não trago isto para pezar sobre o seu espirito com autoridade de genero algum, mas unicamente para po-lo ao corrente do estado do negocio.

Já vê pois V. que tudo está bem encaminhado. Espero portanto que de sua parte não virão embaraços. V. pode entender-se com o João de Alm.ᵈᵃ a respeito, e pelo que elle lhe dicer conhecerá melhor a veracidade do que assevero.

Agora acrescentarei que esta empresa me offerece vantagens como não poderei esperar de outro qualquer esforço que faça. V. sabe dos meus meios: o que posso eu fazer pela carreira publica? Preciso dos empregos: estes por um lado fechão-me a porta do jornalismo, e por outro não

*me compensão as vantagens que perco abandonando
essa carreira. Bem sabe V. que sou apenas 2° official do
Thesouro, com dois contos de rs. por todo o vencimento. Não
tenho pois remedio sinão recorrer a industria particular,
que (é) o que até aqui me tem servido.*

*Não sei si V. conhece de perto o Frond, elle julga, aliás
ignorando os motivos, não lhe haver inspirado grande
sympathia. A este respeito nem m.ᵐᵒ appello para sua
generosidade: sei que V., convencido da utilidade e justiça
de meu pedido, não deixa de acceder a elle por motivo de
ressentim.ᵗᵒˢ pessoaes.*

*Confio pois este negocio a suas mãos esperando que V.
se não esqueça que fui sempre*

seu (abreviaturas ilegíveis. Sem assinatura)

Apesar de péssima que fora a edição de *O Brasil
pitoresco*, alcançara sucesso, na ocasião, pela novidade
que representava. Tal fato alentou Manuel Antônio a
fazer um outro álbum sobre as províncias brasileiras, já
que o volume publicado limitava-se à cidade do Rio e
à província do Rio de Janeiro. Acreditava, como se viu
pela carta a Alencar, que seria um rendoso e patriótico
trabalho. E, morto Ribeyrolles, foi com Vítor Frond que
pensou realizá-lo. Entenderam-se, ajuntou várias notas

sobre o Espírito Santo, preparou-se para seguir para lá a fim de se encontrar com o hábil fotógrafo e, juntos, percorrerem a província. Mas a empresa fracassou.

* * *

Pela carta de 26 de junho de 1861, escrita a Quintino Bocaiuva, e que a seguir reproduzimos, tomamos conhecimento de que Manuel Antônio de Almeida se ausentou alguns dias de Friburgo. Tudo leva a crer que tenha estado no Rio, às escondidas dos seus credores, procurando, especialmente, alongar a licença na Secretaria dos Negócios da Fazenda, o que parece ter conseguido.

Friburgo, 26 de junho 1861.

Quintino.

Ainda se não escrevi depois que cheguei, por nada ter tido a dizer-te de novo, a não ser que temos aqui todas as manhãs gelo de uma polegada de espessura. Agora porem que surge um negocio importante, apresso-me a comunicar-t'o, mesmo porque preciso de ti para elle. Travei aqui relações intimas com o Carlos de Carvalho, que foi supplente do Siqueira na legislatura passada. Acoroçoado por elle quero ver se vou a campanha da eleição provincial.

O Carvalho tem relações em toda a provincia e promette fazer-me muito. Resta escolher bem o triangulo. Tinha vontade de apresentar-me pelo d'aqui, si por meio da Comissão Central me pudesses tu alcançar a protecção do Andrada que dispõe de Cantagallo, mas tenho medo da carga de Campos, salvo si pelo Antonio Rodrigues, se pudesse ter o Barbosa de meu lado. Parecia-me melhor o circulo onde entra Ignacio, por que ahi a influencia do Carvalho é decisiva. Em fim tu que estás mais ao facto destas cousas, manda-me dizer o que pensas que se poderá fazer: dirije-te ás pessoas indicadas e conversa com ellas, assim como com o Saldanha. Manda-me uma resposta com urgencia, assim como uma nota das partes de que se compõe cada circulo da Provincia.

Recomenda-he a D. Lulú e ao Felix.[61]

Adeus.

Teu do coração.

MANECO ALMEIDA

27 de junho 1861.

Quintino.

Escrevo-te ás carreiras por que o Correio vai partir e só agora recebo a tua carta de 21. A respeito da Cadeira de Economia fallar-te-hei na carta seguinte. Convinha-me muito o secretariado da Provincia mas como arranjal-o?

Authoriso-te a dares os passos que julgares preciso. Pede ao Felix que peça ao J. Jacintho para este pedir ao Saraiva, ou lembra-te de algum outro empenho.

Adeus.

Teu

MANECO

* * *

Friburgo 29[62]

Quintino.

Vi pelo Mercantil que qualquer tentativa de minha parte para o lugar da Provincia, seria inutil, e isto quando eu já estava disposto a partir! Mais uma boa occasião que perdi. Não fallemos mais em tal.

Indaga se a inscripção para o concurso se pode fazer sem a minha presença e inscreve-me, é uma boa ideia, e estou disposto a correr o risco e perder o tempo.

No entanto vê lá entre os livros que tiveres, o que ha de Economia e trata de mandar-me quanto antes. Si receberes e tiveres alguma obra de direito mercantil (compendio) manda-me tambem. Podes entregar tudo ao Fr.[63] *para que elle me remetta. Não te descuides, porem, de apresentar por lá alguma cousa que me convenha: lembrava-me de* *um dos lugares da inspectoria itinerante da escola na Provincia: é cousa de 3:600$.*

Não desdenhes também o que te mandei dizer a respeito da eleição provincial. Será esse talvez o meio mais seguro para que eu alcance alguma boa fatia. Apesar da minha disposição vejo pouca probabilidade de ficar por aqui.

Dize a tua mulher que não esteja mal comigo: sou esturdio mas sou bom amigo. Quando for á Côrte tantas festas hei de fazer que ella ficará bem comigo.

As meninas vão bem, mesmo a doente e muito se recomendão.

Escreve-me.

Adeus.

Teu

Maneco

Lembranças ao Felix.

* * *

A carta datada de 4 de julho de 1861 é a última que provavelmente escreveu ao seu querido e atento Quintino:

Friburgo 4 de julho 1861

Quintino.

Agradeço-te a remessa da nota dos triangulos, e agradeço-te o que me promettes fazer por Cantagallo. Decididamente apresento-me pelo teo circulo. Resta que não durmas nos passos que se tem de dar junto ao Andrade. Cuida disso quanto antes; manda-me dizer o que elle dice a respeito, e consulta-o a respeito da probabilidade de victoria dispensando-se Campos. Ahi não posso contar com grande cousa. Minhas relações com o Almeida Pereira não me inspirão grande confiança, principalmente não estando eu como deves presumir, disposto a aceitar imposições, nem compromissos políticos. Depois o Almeida Pereira está ausente e não voltará tão cedo. Noticia ao Honorio Caldas a minha pretenção, que elle talvez me possa fazer alguma cousa. Falla tambem a todos os meus amigos.

Nada me dizes a respeito da escripção pelo Concurso nem tão pouco a resposta da indagação de que se incumbisse sobre o lugar de inspector itinerante das escolas na Provincia. Vê-me isso com zelo e urgencia, ou vê-me mesmo outra cousa que me possa convir.

Olha que nem tenho para viver senão o meu credito em Friburgo! Qualquer cousa de que saibas, dá logo os passos que puderes e comunica-me assim sem perderes tempo algum.

Escreve-me por todos os correios se puderes.
Lembranças minhas e das meninas a Madame.
Adeus

Teu

MANECO

* * *

Logo depois desce para o Rio seduzido pela candidatura a deputado. "Há um ano que ele vivia como que em desespero", escreve Francisco Otaviano, "e já desanimado dos homens e de si próprio." Circunstâncias ocasionais o colocam diante do conselheiro João de Almeida Pereira, que se interessou por sua angustiosa situação e lhe prometeu franco auxílio numa tentável candidatura à Assembleia Provincial do Rio de Janeiro. E Manuel Antônio de Almeida tenta um grande passo que poderia estabilizar a sua vida, último esforço "contra os infortúnios que lhe embargavam o passo tantas vezes encetado". Sonha com a possibilidade de conseguir a cadeira de deputado e com este fim faz uma viagem a Campos, levando algumas cartas de apresentação do conselheiro para a alta política local. Antes, porém, de aceitar o oferecimento, entendeu que era da sua dignidade dirigir previamente ao seu padrinho eleitoral uma profissão de fé política, de suas opiniões individuais, para não lhe lançarem em rosto, mais tarde, a divergência em que porventura se pudessem encontrar em alguns pontos capitais das suas ideias. O conselheiro compreende e aprova.

Extremamente supersticioso, enguiçava com os mais disparatados abusões. Se ao sair de casa cruzava com um corcunda ou um padre, voltava imediatamente adiando os afazeres mais urgentes. E na hora de embarcar, despedindo-se de Béthencourt da Silva, mostrou-se abatido, pois tinha cruzado com um padre — talvez fosse inútil ir até Campos! O amigo animou-o num grande abraço — que nada! haveria de conseguir o que desejava e merecia. Veio, porém, ao nosso desventurado Manuel Antônio um lúgubre pressentimento:

> É a primeira vez que embarco, mas... parece-me que é a última! A meu despeito... Sinto que alguma coisa de atroz me tira o ânimo e me desperta desordenadas e incoerentes ideias. Se sou infeliz não sei... Persegue-me, porém, um poder oculto, uma força estranha, que desfolha sempre as rosas mais gentis da minha vida.

* * *

"Há homens escravos de uma estreia infausta que embalde tentam escapar à sua maléfica influência", escreve Felix Ferreira em *Idéia,* nº 1 de 1869.[64] Manuel Antônio não escapou.

No dia 27 de novembro, uma quarta-feira, sai do Rio de Janeiro no vapor *Hermes*, da Companhia União Campista e Fidelista, que levava cerca de noventa pessoas entre passageiros e tripulação. Depois de 13 horas de viagem, às três da madrugada do dia 28, o *Hermes* chegava à enseada de Macaé, desembarcava três passageiros e uma hora mais tarde, prosseguindo a viagem para Campos, resvalava sobre uma pedra dos recifes conhecidos por Lajes da Tábua. O comandante Ornelas, que ignorava esta pedra, tomou-a por um banco de areia e continuou a viagem, mas, para evitar outro encontro possível, afastou-se da costa. O navio, porém, fez água na proa inundando rapidamente o rancho da equipagem, e só aí o comandante percebeu o seu erro, como confessou em depoimento às autoridades marítimas. Procurou então aproar à praia para salvar os passageiros. Mas aproximadamente a duas milhas de terra, na altura da ilha de Santana, foi obrigado a parar as máquinas para evitar uma explosão. Os dois botes estavam prontos; no tumulto, o de estibordo fez-se em pedaços com 12 pessoas. O de bombordo chegou a Macaé, com cinco tripulantes e sete passageiros. Vieram logo em auxílio do navio sinistrado — diz o *Macaense* de 1º de dezembro de 1861 — os patachos *Mercúrio* e *Dois Corações* e o iate *31 de Outubro*.[65] Ao chegarem, algumas horas depois, do *Hermes* só aparecia a hélice. O mar estava agitado e sobre as vagas alguns náufragos tremiam agarrados aos mastros partidos ou equilibrados sobre canastras, capoeiras, tábuas de camarote. Trinta e sete passageiros morriam no sinistro. Entre eles Manuel Antônio de Almeida. Finalmente descansara quem tanto lutou em vão. Mas, escreve Béthencourt da Silva,

> ao passarem por cima da sua existência de homem, os anos não lhe deixaram na expressão do sentir o sabor amargo que nos surge involuntariamente à flor dos lábios, quando o ódio de uns, a injustiça de outros e a inveja de muitos invertem todos os nossos atos, perturbam os nossos prazeres, caluniam as nossas virtudes.

* * *

No dia 14 de dezembro, na Igreja do Santíssimo Sacramento, seus amigos Joaquim Saldanha Marinho, Henrique César Muzzio, Joaquim Maria Machado de Assis e Quintino Bocaiuva mandaram rezar missa pelo descanso de sua alma. A 16, na mesma igreja, quem o fazia era o conselheiro oficial e mais empregados da Secretaria dos Negócios da Fazenda — "por alma do seu digno colega". A 17, ainda na mesma igreja, o faziam Domingos Jacy Monteiro e Béthencourt da Silva e também, conforme anúncio publicado no *Jornal do Commercio* de 16 de dezembro de 1861, João Mariano de Barros, dona Eulália Josefina de Souza, dona Adelina Guilhermina de Souza, Claudino José Barbosa e Antônio Herculano da Costa Brito, tio, irmãs, cunhado e amigo, desculpando-se de não terem sido os primeiros a cumprir o seu mais rigoroso dever, pela razão de que só então tiveram a confirmação da sua grande perda,[66] e outros amigos — José Antônio de Andrade, dr. José Antônio de Andrade e Luís de Andrade, a 28, celebravam ainda na Igreja do Santíssimo Sacramento missa em sua intenção.

Na noite de 2 de dezembro, no Teatro Lírico, num espetáculo de gala, festejando o "feliz aniversário natalício de Sua Majestade Imperial", representava-se, pela primeira vez, *Os dois amores*. Dizem que nesse dia o corpo de Manuel Antônio apareceu numa praia deserta de Macaé, meio devorado pelos peixes, reconhecido pela marca da sua roupa branca e por diversos papéis encontrados numa carteira. Mas não parece ser verdade. Na imprensa da época, o triste achado não se menciona; nenhum amigo então, ou pouco depois, que escreveu sobre Manuel Antônio a tal se refere; e todas as pesquisas que posteriormente se fizeram em Macaé e Barra de São João redundaram inúteis. Seu corpo deve ter ficado no mar. "Perpetuamente deslocado no meio da sociedade", e quem o diz é Augusto Emílio Zaluar, "era antes um desses homens que, por anacronismo da sorte, mais pertence ao futuro do que ao presente, que os desconhece." E nós vimos que sim.

NOTAS

1. Durante muitos anos, ainda perdurou o esquecimento, apesar de numerosos e seguidos apelos. Afinal, lembraram-se de dar o nome do romancista a uma ruazinha da Estação de Costa Barros, na Linha Auxiliar. Mas logo depois, em 1959, o prefeito José Joaquim de Sá Freire Alvim pagou a dívida da Prefeitura para com a memória do escritor carioca — deu outro nome à ruazinha suburbana e, à pequenina praça, feita em poucas horas pelo jardinismo municipal, entre o edifício de *A Noite* e a Estação Rodoviária Mariano Procópio, denominou Praça Manuel Antônio de Almeida. Mas como o romancista primou pela má sorte, tudo lhe saindo às avessas, lá está nas placas a grafia municipal — "Manoel"...

2. A ascendência portuguesa não coibiu em Manuel Antônio de Almeida o tema da lusofobia várias vezes acentuado no romance, "sentimento de ojeriza a Portugal que as lutas da Independência acirraram e con-

tinuou tempos em fora despertando suscetibilidades e ressentimentos", escreve Jamil Almansur Haddad em excelente introdução a uma edição das *Memórias*. E esclarecendo mais o fenômeno: "Já estudamos em nossa *Revisão de Castro Alves* e com fundamentação psicanalítica o fenômeno da incompreensão de filho brasileiro para com o pai português. Pai lusitano não deu nunca ao Brasil filho lusófilo; pelo contrário, deu-o lusófobo, como entre numerosos casos o de nosso romancista pode evidenciar."

3. Francisco Joaquim Béthencourt da Silva nasceu em 1831 a bordo do navio em que seus pais, como imigrantes, vinham de Portugal, mas batizou-se no Brasil. Fez o curso de arquitetura com Grandjean de Montigny na Academia de Belas Artes, da qual veio a ser professor, bem assim como da Escola Politécnica. Arquiteto da Casa Imperial, foi o autor das plantas dos primeiros edifícios escolares que o governo imperial construiu no Largo do Machado e na rua da Harmonia. Fundador da Sociedade Propagadora das Belas Artes e do Liceu de Artes e Ofícios. Escreveu numerosas obras, inclusive de caráter literário.

4. "A par da aludida lusofobia, aparece nele outra idiossincrasia peculiar também ao século décimo nono brasileiro: o horror ao clero. Em parte, diga-se de passagem, justificada, pois que os sacerdotes longe estavam de constituir modelos de peregrina virtude. O Leonardo

destinado à carreira eclesiástica é bem uma sátira inclusive nos processos de recrutamento dos padres (quando não das freiras) e que se processava longe por completo de qualquer sugestão mística", escreve Jamil Almansur Haddad.

5. Hoje rua Evaristo da Veiga.

6. O Marquês de São João Marcos, Pedro Dias Paes Leme — anota Orlando Sattamini Duarte em *Um médico do Império* — obrigou um filho, que estudara medicina sem seu consentimento, a abandonar a profissão.

7. Que era marinheiro de um negreiro que trazia fornecimento para o Valongo, onde o senhor Marquês do Lavradio, d. Luís de Almeida Portugal, vice-rei de 1769 a 1778, assentara o mercado de escravos da cidade.

8. O dr. José Maurício Nunes Garcia era filho do notável compositor padre José Maurício.

9. "És tão mimosa e tão bela,/ Como a estrela,/ Que desponta rutilante,/ E que se mira luzente/ Na corrente,/ Que retrata deslumbrante.// És airosa, qual palmeira/ Que altaneira/ Sua coma eleva ao ar,/ Ou qual batel enfunado,/ Que apressado/ Desliza à face do mar.// Esses teus olhos brilhantes,/ Fulgurantes/ Têm um quê, que diz — amor —;/ Eu que os buscava evitar/ Sem pensar/ Me queimei no seu calor.// Esses lábios teus corados,/ Engraçados,/ E teus dentes de marfim,/ São dotes que te invejara/ O mais lindo Querubim.// A ti, virgem tão formosa,/ Tão donosa/ Votei santo e puro

amor;/ E tu serás insensível,/ Impassível/Aos votos do Trovador?// Ah! não o sejas, Deidade,/ Tem piedade/ Deste mísero cantor;/ Com teus olhos tão brilhantes,/ Fulgurantes/ Dá-lhe doce olhar de amor;// Com teus lábios tão corados,/ Engraçados,/ Dize um — sim — que lhe dê vida,/ E serás na lira amada/ Decantada/ E no seu peito querida."

10. "Já viste alguma vez ao romper d'alva/ Da lua que se esconde no ocidente/ Os derradeiros pálidos reflexos/ Que se apagam no mar?...// Ouviste alguma vez no fim da tarde,/ Já quando vem caindo a muda noite/ Do sabiá o canto que se extingue,/ Nos ramos da palmeira?...// Já viste um lírio branco na campina/ Crestado ao forte ardor do sol estivo,/ Triste exalar o derradeiro aflúvio/ Do seu odor suave?...// — Do astro o raio tênue que se apaga/ Sem deixar um vestígio à flor das águas,/ Da ave e triste canto que se perde/ Co'os vapores da tarde,// E o perfume da flor que se esvaece/ No meio da campina, são imagens/ De casta virgem inocente/ No seu primeiro amor!...// E assim a vi morrer... e assisti-lhe/ Aos preciosos últimos momentos.../ E neles eu bebi porção bem grande/ De bem doce poesia!...// Foi seu último olhar o raio frouxo/ Do astro a sepultar-se no ocidente;/ Seu último pensar foi qual o canto/ Do sabiá do vale,// E o extremo suspiro que escapou-lhe/ Da linda boca que sorria à morte/ Foi doce extremo aroma que exalara/ A bela flor do prado!// — Seu der-

radeiro olhar eu trago n'alma/ Seu último pensar trago na mente,/ E o extremo suspiro perfumado/ Guardo dentro do peito!...// A capela de rosas que adornou-lhe/ A linda fronte, quando o belo corpo/ Foi esconder-se na profunda terra,/ Eu p'ra mim a tomei!// Com ela engrinaldei a triste lira/ E vim sentar-me junto ao seu sepulcro/ E daqui fui soltando os tristes carmes/ Que a triste me inspirou!..."

11. Notar que o estudante fala em Escola de Medicina e não Faculdade de Medicina.

12. A *Guanabara,* revista mensal, artística, científica e literária, redigida por uma associação de literatos e dirigida por Joaquim Manuel de Macedo, Antônio Gonçalves Dias e Manuel de Araújo Porto Alegre, era impressa na Tipografia da Empresa Dois de Dezembro, de Paula Brito, impressor da Casa Imperial.

13. Nos números 25, 26, 27, 29, 30, 31, 32, 34, 35, 36, 37, 38, 40, 41, 47 e 48 de 1852.

14. Na correspondência deixada ele só chama Adélia de Adelina. Quanto ao seu irmão mais velho não se conseguiu saber o nome. Ver nota 66.

15. O primeiro capítulo, intitulado "Origem, nascimento e batismo", saiu na 73ª "A Pacotilha", em 27 de junho de 1852, e terminava assim: "Saiba agora o leitor, que ainda o não adivinhou, que o pequeno nascido é a personagem que dá objeto a estas memórias. No seguinte capítulo diremos alguma coisa sobre a sua infância."

Os demais capítulos saíram na seguinte ordem: 4 de julho, Cap. II, "Primeiros infortúnios"; 11 de julho, Cap. III, "Despedida às travessuras"; 18 de julho, Cap. IV, "Leonardo toma fortuna" e Cap. V, "Primeira noite fora de casa"; 25 de julho, Cap. VII, "A comadre" e Cap. VIII, "O Vidigal"; 1º de agosto, Cap. IX, "O arranjeime do compadre" e Cap. X, "O pátio dos bichos"; 8 de agosto, Cap. XI, "Explicações"; 15 de agosto, Cap. XII, "Progressos e atrasos" e Cap. XIII, "Entrada para a escola"; 22 de agosto, Cap. XII, "Mudança de vida"; 28 de agosto, Cap. XIII, "Nova vingança e seu resultado"; 12 de setembro, Cap. XIV, "Estralada"; 19 de setembro, Cap. XV, "Sucesso do plano"; 26 de setembro, Cap. XVI, "Dona Maria"; 3 de outubro, Cap. XVII, "Dona Maria"; 11 de outubro, Cap. XVIII, "Amores"; 17 de outubro, Cap. XIX, "Domingo de Espírito Santo"; 24 de outubro, Cap. XX, "O fogo no campo"; 14 de novembro, Cap. XXI, "Contrariedades" e Cap. XXII, "Aliança"; 21 de novembro, Cap. XXI, "Declaração"; 5 de dezembro, Cap. XXII, "A comadre em exercício"; 19 de dezembro, Cap. XXIII, "Trama" e Cap. XXIV, "A derrota"; 2 de janeiro de 1853, Cap. XXV, "O mestre de rezas"; 9 de janeiro, Cap. XXVI, "Transtorno"; 16 de janeiro, Cap. XXVII, "Pior transtorno" e Cap. XXVIII, "Remédio aos males"; 23 de janeiro, Cap. XXX, "Remédio aos males"; 30 de janeiro, Cap. XXXI, "José Manuel triunfa"; 6 de fevereiro, Cap. XXXII, "O agregado"; 20

de fevereiro, Cap. XXXIII, "Malsinação"; 6 de março, Cap. XXXV, "Triunfo completo de José Manuel"; 27 de março, Cap. XXXVII, "O Vidigal desapontado"; 3 de abril, Cap. XXXVIII, "Caldo entornado"; 17 de abril, Cap. XXXIX, "Ciúme" e Cap. XL, "Fogo de palha"; 24 de abril, Cap. XLI, "Represálias"; 16 de maio, Cap. XLII, "O granadeiro"; 22 de maio, Cap. XLIII, "Nova diabrura"; 5 de junho, Cap. XLIV, "Nova diabrura"; 19 de junho, Cap. XLV, "Descoberta"; 26 de junho, Cap. XLVI, "Empenho"; 10 de julho, Cap. XLVII, "As três em comissão"; 17 de julho, Cap. XLVII, "As três em comissão" e Cap. XLVIII, "A morte é juiz"; 24 de julho, Cap. XLVIII, "A morte é juiz"; 31 de julho, Cap. XLVIII, "Conclusão feliz".

16. Primeira parte: Cap. I, "Origem, nascimento e batizado"; Cap. II, "Primeiros infortúnios"; Cap. III, "Despedida às travessuras"; Cap. IV, "Fortuna"; Cap. V, "O Vidigal"; Cap. VI, "Primeira noite fora de casa"; Cap. VII, "A comadre"; Cap. VIII, "O pátio dos bichos"; Cap. IX, "O arranjei-me do compadre"; Cap. X, "Explicações"; Cap. XI, "Progresso e atraso"; Cap. XII, "Entrada para a escola"; Cap. XIII, "Mudança de vida"; Cap. XIV, "Nova vingança e seu resultado"; Cap. XV, "Estralada"; Cap. XVI, "Sucesso do plano"; Cap. XVII, "Dona Maria"; Cap. XVIII, "Amores"; Cap. XIX, "Domingo do Espírito Santo"; Cap. XX, "O fogo no campo";

Cap. XXI, "Contrariedades"; Cap. XXII, "Aliança"; Cap. XXIII, "Declaração".

Segunda parte: Cap. I, "A comadre em exercício"; Cap. II, "Trama"; Cap. III, "Derrota"; Cap. IV, "O mestre de reza"; Cap. V, "Transtorno"; Cap. VI, "Pior transtorno"; Cap. VII, "Remédio aos males"; Cap. VIII, "Novos amores": Cap. IX, "José Manuel triunfa"; Cap. X, "O agregado"; Cap. XI, "Malsinação"; Cap. XII, "Triunfo completo de José Manuel"; Cap. XIII, "Escapula"; Cap. XIV, "O Vidigal desapontado"; Cap. XV, "Caldo entornado"; Cap. XVI, "Ciúmes"; Cap. XVII, "Fogo de palha"; Cap. XVIII, "Represálias"; Cap. XIX, "O granadeiro"; Cap. XX, "Novas diabruras"; Cap. XXI, "Descoberta"; Cap. XXII, "Empenhos"; Cap. XXIII, "As três em comissão"; Cap. XXIV, "A morte é Juiz"; Cap. XXV, "Conclusão feliz".

17. O tratamento de *carioca*, para os nascidos no Rio de Janeiro é posterior ao romancista.

18. Miguel Nunes Vidigal, brigadeiro e comandante da polícia e que faleceu marechal reformado a 10 de junho de 1843. Por conveniência do romance, o escritor carregou nas cores quando o pintou. Na realidade, "não foi aquela truculenta autoridade", observa Noronha Santos, embora Alfredo Pujol cite certa quadrinha popular sobre a sua ferocidade:

> *Avistei o Vidigal,*
> *Fiquei sem sangue;*
> *Se não sou tão ligeiro*
> *O coati me lambe.*

Por "coati" era conhecido o chicote do Vidigal...

19. Modinha de Cândido Inácio da Silva, incluída por Mário de Andrade na sua antologia *Modinhas imperiais.* Quanto à modinha "Se os meus suspiros pudessem", existe uma harmonização de Batista Siqueira muito bem cantada por Lenita Bruno no LP da gravadora Festa — "Modinhas fora de moda" (LDV 6003). Todavia a letra cantada não coincide inteiramente com a que é reproduzida no texto das *Memórias.*

20. Que ficava no Largo de São Francisco, e onde hoje funciona a Escola Nacional de Engenharia.

21. Waldemar Berardinelli, *Medicina e médicos,* Livraria José Olympio, Rio de Janeiro, 1951.

22. I — Tanto o sono como a vigília, excedendo de medida, são um mal. II — Cansaços que vêm sem razão de ser denunciam moléstia. III — Quando falta o mênstruo, favorece à mulher sangrar pelo nariz. IV — É mau que uma convulsão e um delíquio sobrevenham a um fluxo numa mulher. V — É mau ter as extremidades frias em moléstias graves. VI — Menstruações pálidas, produzindo-se nem sempre do mesmo modo nem ao mesmo tempo, indicam que a mulher precisa purgar-se.

23. Francisco de Menezes Dias da Cruz, um dos poucos mestres que se deu ao trabalho de escrever compêndio para seus alunos. Em certa época dedicou-se à política, foi vereador na Câmara Municipal e deputado, mandatos que exerceu com dignidade e honestidade. Seu funeral, no inverno de 1878, foi coisa indescritível. No fim da vida dedicou-se ao espiritismo e ao tratamento pela homeopatia.

24. Sem explicar se se tratava do livro importado ou do livro nacional, mas como da sua resenha, fora um, todos os outros livros comentados são nacionais, deduz-se que considerava alto o preço do livro impresso aqui.

25. E não o foi.

26. José de Alencar, sob o pseudônimo de "Al", que poderia se confundir com Almeida, em plena exuberância de jornalista, era o mais assíduo dos colaboradores das "Páginas menores", onde tinha sempre uma coluna com o título de "Ao correr da pena". A correspondência que recebia era relativamente grande. E a 4 de fevereiro de 1855, mencionava o recebimento de várias cartas, entre elas uma de um literato seu amigo, que rezava nestes termos:

O movimento literário desta cidade apresenta um fenômeno curioso. Enquanto a *Revista Bibliográfica* do *Diário* apeia o livro sobre a Turquia, de Lamartine, das honras de história, o *Ensaio corográfico do Brasil* é elevado à altura de uma obra importante de geografia. Console-se, pois, meu amigo. O mundo literário perdeu o historiador, mas o Brasil ganhou um geógrafo da polpa de um Malte-Brum e Mac-Cullog.

O que não deixava de ser uma engraçada picuinha com os infelizes professores, que continuaram, porém, em silêncio, um silêncio bem decente, aliás.

27. Francisco Muniz Barreto, repentista baiano, 1804-1864.
28. Palavras que merecem a maior meditação, pois são de um escritor que ficou, nestes nossos dias de desesperada promoção livresca.
29. O sr. Joaquim Francisco conseguira do governo imperial a concessão para uma estrada de ferro na Bahia, pelo que sofreu forte campanha por parte dos seus adversários políticos.
30. Manuel Antônio de Almeida escrevera "Felinto".
31. No fim do seu artigo, Manuel Antônio transcrevia integralmente o que Muniz Barreto escrevera contra ele no *Mercantil,* da Bahia.
32. Os grifos nas citações são de Manuel Antônio de Almeida.
33. Luís Antônio Navarro de Andrade nasceu em 1825 em Montevidéu, então Província Cisplatina. Foi vereador da Câmara Municipal e atuou na imprensa. Deixou várias obras, das quais destacamos: *Questão do Diário*

do Rio de Janeiro, ou a retirada do seu redator em chefe. Rio de Janeiro, 1868 — que é uma compilação da imprensa do dia a respeito do caso que criou.

34. Manuel Antônio Major nasceu no Rio de Janeiro e faleceu em 1874 com 35 anos. Dedicou-se às letras e ao jornalismo.

35. O discurso de Béthencourt da Silva está transcrito na íntegra em *O Brasil Artístico,* revista da Sociedade Propagadora das Belas Artes, de 25 de março de 1911.

36. Na representação, os papéis tiveram a seguinte distribuição: Leandro, capitão de corsários — Sr. Marchetti; Giani, ajudante do mesmo — Sr. Soares; Marina, moça amante de Leandro — Sra. d. Luísa Amat; Dilara, escrava favorita de Mourad — Sra. d. Guillemette; Mourad, paxá de Rodes — Sr. Trindade; Osman, agá de janízaros — Sr. N.; Um escravo — Sr. N.; Demétrio, corsário que não fala — Sr. N.

O diretor empresário da Companhia da Ópera Nacional era o senhor d. José Amat; maestros: srs. Antônio Carlos Gomes e Júlio José Nunes; ensaiador Emílio Doux; pintor cenógrafo: sr. Joaquim Lopes de Barros Cabral; contrarregra: sr. Pessina; chefe de alfaias: sr. Ludovico; aderecista: sr. José Ramos.

37. Homem extraordinário esse senhor Castrioto! Entrou para a Imprensa Régia como aprendiz em 1811; exerceu a arte de compositor até 26 de setembro de 1816; ocupou sucessivamente os lugares de escrevente, apontador

e pagador, sendo nomeado administrador em 27 de outubro de 1823, e em 2 de dezembro de 1828 obteve o hábito de Cristo por serviços prestados na Tipografia Nacional! — como pode se ver nos *Apontamentos históricos,* de Moreira de Azevedo.

38. Ver nota número 66.

39. Desta poesia, segundo o sr. J. Galante de Souza, na sua substanciosa *Bibliografia de Machado de Assis,* editada pelo Instituto Nacional do Livro, em 1955, só se sabe que consta de cinco estrofes, pelo que declara o cronista de *A Mocidade,* de 15 de fevereiro de 1862, e que continha palavras "análogas ao pensamento que ditou esta récita de benemerência", conforme se diz no anúncio do *Diário do Rio de Janeiro,* de 6 de fevereiro de 1862.

40. A cadeira número 28 teve até agora três ocupantes: Inglês de Souza, 1897; Xavier Marques, 1919; e Menotti del Picchia, 1943. Dos três, apenas Xavier Marques deixou um trabalho considerável sobre o patrono da cadeira acadêmica — uma conferência, "Vida e obra de Manuel Antônio de Almeida", lida na sessão da Academia Brasileira de Letras de 12 de novembro de 1931, comemorativa do centenário de nascimento do romancista. A conferência, aliás, não foi lida por Xavier Marques, impossibilitado de comparecer. Foi lida pelo acadêmico Augusto de Lima.

41. Depois desse período, a carta está com um trecho cortado.

42. Luís José Murinelli nasceu no Rio de Janeiro em 1811 e faleceu em 1877. Taquígrafo das duas casas do parlamento. Foi-lhe atribuída, e a J. M. da Silva Paranhos — Visconde do Rio Branco —, a publicação de *O Marimbondo*, jornal político-jocossério, em 1845. Por ter salvado uma criança de afogamento, quando sofreu graves fraturas, recebeu a medalha de mérito humanitário.

43. Remígio de Sena Pereira militou na imprensa, tendo sido redator de *O Paraíba*, de Quintino Bocaiuva e Augusto Emílio Zaluar; foi membro do Conservatório Dramático, gerente do Lírico Fluminense, traduziu a comédia *Os descarados*, de Augier e Foussier, 1862.

44. Nessa carta há uma anotação do punho de Quintino: "Foi atendido — e quem me forneceu o dinheiro foi o dr. Francisco Antônio de Souza Nunes — meu falecido cunhado."

45. Joaquim Saldanha Marinho nasceu em Olinda, 1816, e faleceu no Rio, 1895. Formou-se em Direito em sua cidade natal, foi várias vezes deputado e senador já na era republicana. Em 1860 entrou para a redação do *Diário do Rio de Janeiro*.

46. Não se encontrou no arquivo de Quintino Bocaiuva o restante da carta.

47. Reinaldo Carlos Montoro foi redator de *O Cruzeiro*, onde até 1881 mantinha o folhetim "Conversas à tarde", sob o pseudônimo de Alceste.

48. Charles Ribeyrolles, publicista e político francês, republicano convicto e íntimo de Victor Hugo, envolvido em conspirações, foi processado e condenado, mas conseguiu fugir. Após vários anos de exílio, sofrendo as maiores penúrias, chegou ao Brasil, em 1858, especialmente para escrever o texto em francês de *O Brasil pitoresco,* lançado em 1859. Manteve relações com vários jovens escritores brasileiros, entre eles Machado de Assis e Manuel Antônio de Almeida. Nasceu em 1812 e faleceu a 1º de junho de 1860, em Niterói. Foi enterrado no cemitério de Maruí, onde a municipalidade levantou em sua memória um singelo monumento mortuário, com eloquente epitáfio de Victor Hugo:

> *Il accepta l'exil; il aima les souffrances;*
> *Intrépide il voulut toutes les délivrances;*
> *Il servit tous les droits par toutes les vertus*
> *Car l'Idée est ûn glaive et l'Âme est une force*
> *Et la plume de Wilberforce*
> *Sort du même fourreau que le fer de Brutus.*

Embora os biógrafos consignem que Ribeyrolles foi vítima da febre amarela, dois dias antes do seu retorno à Europa, seu amigo e colaborador Vítor Frond dá como motivo da sua morte uma peritonite. E Afonso Taunay, na introdução que escreveu para a tradução de *O Brasil pitoresco,* feita por Gastão Penalva para a

Biblioteca Histórica Brasileira (Livraria Martins, São Paulo, 1941), informa: "Dá aliás a entender de modo assaz misterioso e confuso que esta *causa mortis* constituiu para ele, Frond, penosa revelação. Teria sido Ribeyrolles vítima dum atentado?"

49. Até o achado de Darcy Damasceno, o único manuscrito conhecido de Manuel Antônio de Almeida era o requerimento que a 20 de março de 1850 dirigira a d. Pedro II, transcrito no início desta obra.

Quanto a Francisco Ramos Paz, português de origem, chegou em 1850 ao Brasil, inteiramente analfabeto, e foi ser caixeiro numa drogaria. Por seu próprio esforço, dez anos depois era correspondente comercial e jornalista militante, tendo-se ligado intimamente a numerosos escritores brasileiros, como Manuel Antônio de Almeida e Machado de Assis. Faleceu em 1919 e foi sem dúvida um dos maiores bibliófilos que tivemos, tendo a sua imensa e valiosíssima biblioteca, bem assim como a sua coleção de manuscritos, sido incorporada à Biblioteca Nacional do Rio de Janeiro.

50. 1860.

51. José Amat, empresário teatral.

52. Supomos tratar-se de João de Almeida Pereira.

53. Quintino Bocaiuva.

54. Vítor Frond, fotógrafo, que se incumbiu da parte ilustrada de *O Brasil pitoresco,* aliás com muita felicidade.

Foi a sua contribuição iconográfica que salvou a obra de Ribeyrolles do esquecimento. Mas não se sabe muito dele, salvo que era francês, publicara em Paris, na Editora Abel Pilon, mas sem data, um *Panthéon des ilustrations françaises au XIXème siècle: comprenant un portrait, une biografie et un autographe de chacun des hommes les plus marquants dans L'Administration, Les Arts, L'Armeé, Le Barreau, Le Clergé, L'Industrie, Les Lettres, La Magistrature, La Politique, Les Sciences etc.*, e que no Brasil foi sócio de S. A. Sisson, famoso litógrafo, também francês, que aqui viveu, e no *Almanaque Laemmert* para 1860 e 1862 encontra-se mencionado entre fotógrafos e daguerreotipistas do Rio de Janeiro, com casa e oficina estabelecidas à rua da Assembleia, 34 e 36.

55. 4 de janeiro.

56. Dr. Francisco Praxedes de Andrade Pertence.

57. Dr. Francisco Gabriel da Rocha Freire e dr. Manuel Joaquim de Valadão Pimentel, Barão de Petrópolis.

58. Luísa Amélia, primeira esposa de Quintino.

59. Não se conseguiu apurar quem pudesse se esconder sob essas iniciais.

60. João de Almeida Pereira nasceu em Campos, 1826, faleceu em 1883. Poeta e escritor, formou-se em Direito em São Paulo, foi deputado várias vezes e viador da Casa Imperial.

61. Félix Xavier da Cunha. Poeta e publicista. Nasceu no Rio Grande do Sul em 1833 e faleceu em Porto Alegre

em 1865. Bacharel em Ciências Jurídicas pela Faculdade de São Paulo.

62. Seguramente 29 de junho de 1861.

63. Vítor Frond.

64. Félix Ferreira, natural do Rio de Janeiro, foi empregado da Biblioteca Nacional e dedicou-se depois ao jornalismo e às letras, dirigindo várias publicações, entre elas *Ideia*. Estabeleceu-se com comércio de livros, em 1877, na rua São José, 110.

65. *O Macaense* tinha como redator-chefe o dr. Velho da Silva. José Maria Velho da Silva, que nasceu no Rio de Janeiro em 1811, formou-se em medicina e clinicou em Macaé. Poeta e romancista, foi ainda professor de retórica, poética e literatura do Ginásio Nacional, nome que foi dado ao Colégio D. Pedro II logo após a República.

66. Merece atenção tanto o nome de Adélia aparecer como "Adelina" quanto o sobrenome das irmãs aparecer como "Souza", isso, porém, era faculdade comum à sociedade de então. Também merece reparo não constar no anúncio referência ao irmão. Talvez já tivesse falecido, pois Machado de Assis, muito meticuloso, fala na sua nota do *Diário do Rio de Janeiro* em "duas irmãs apenas" (ver nota 38). Mas que teve um irmão mais velho não há dúvida. Béthencourt da Silva, que foi amigo de Manuel Antônio desde a meninice e frequentava a casa em vida da mãe, no seu trabalho sobre o romancista escreve:

A bela alma de sua mãe partira para o céu, deixando-o sem recursos; para tanta dor, ficara-lhe apenas, como esforço supremo, a doce consolação de sentir-se amado do seu irmão mais velho e de duas irmãs que ele estremecia com razão e por dever, porque era o pai e o primeiro amigo dessas criaturas [...]

BREVE BIBLIOGRAFIA

Memórias de um sargento de milícias

EDIÇÕES EM VIDA DO AUTOR

1852-1853 — *Memórias de um sargento de milícias*. Em folhetins, sem assinatura, no suplemento "A Pacotilha", do *Correio
Mercantil,* do Rio de Janeiro. Primeiro capítulo a 27 de junho
de 1852. Os demais: 4 de julho, 11 de julho, 18 de julho, 25 de
julho, 1º de agosto, 8 de agosto, 15 de agosto, 22 de agosto, 28
de agosto, 12 de setembro, 19 de setembro, 26 de setembro, 3
de outubro, 11 de outubro, 17 de outubro, 24 de outubro, 14 de
novembro, 21 de novembro, 5 de dezembro, 19 de dezembro;
2 de janeiro de 1853, 9 de janeiro, 16 de janeiro, 23 de janeiro,
30 de janeiro, 6 de fevereiro, 20 de fevereiro, 6 de março, 27
de março, 3 de abril, 17 de abril, 24 de abril, 16 de maio, 22
de maio, 5 de junho, 19 de junho, 26 de junho, 10 de julho,
17 de julho, 24 de julho, e 31 de julho. Coleção completa do
Correio Mercantil, no Real Gabinete Português de Leitura,
Rio de Janeiro.

1854-1855 — *Memórias de um sargento de milícias. Por um brasileiro*. Primeira edição. Dois volumes: o primeiro em 1854,
com 142 páginas; o segundo em 1855, com 159 páginas.

Tipografia Brasiliense, de Maximiano Gomes Ribeiro, à rua do Sabão, 114, Rio de Janeiro. Revista pelo autor. Exemplar na Coleção Ramos Paz, da Biblioteca Nacional.

EDIÇÕES PÓSTUMAS

1862 — *Memórias de um sargento de milícias. Por um brasileiro.* Edição clandestina. Tipografia do Comércio, de Joaquim F. Nunes, Pelotas, Rio Grande do Sul, 1862. Dois volumes, o primeiro com 140 páginas e o segundo com 155. É uma edição raríssima e sobre ela não constava referência nas bibliografias. Por informação do livreiro-antiquário sr. Carlos Ribeiro, existia um exemplar em poder do sr. Procópio Ferreira. Como principais características: a página 99 do primeiro volume e a página 35 do segundo volume estão em branco, devido a erro de impressão, mas o texto está completo; no segundo volume a numeração das páginas 56 e 92 está repetida, e no primeiro volume o capítulo IX saiu como VIII, havendo, portanto, dois capítulos com a mesma numeração. Em 1960 o exemplar em questão foi adquirido pelo dr. Antônio Fernando de Bulhões Carvalho e oferecido ao autor deste trabalho.

1862-1863 — *Memórias de um sargento de milícias. M. A. D'Almeida,* na *Biblioteca Brasileira,* nº IX, de dezembro de 1862, e X, de janeiro de 1863, sob os auspícios de Quintino Bocaiuva e revista por Machado de Assis. As duas partes foram reunidas num volume, em 1863. Ao fim da primeira há uma "Advertência" explicando o sentido da publicação. Tipografia do *Diário do Rio de Janeiro,* rua do Rosário, 84. Exemplares no Real Gabinete Português de Leitura e na coleção Adir Guimarães, Rio de Janeiro.

1876 — *Memórias de um sargento de milícias. M. A. de Almeida.* A primeira que traz em subtítulo "Romance de costumes brasileiros". Precedida de uma "Introdução literária" por Francisco Joaquim Béthencourt da Silva. Incluída na série "Leituras Populares", do editor Dias da Silva Júnior. Tipografia e Litografia Carioca, rua Teófilo Otoni, 145 e 147. Dois volumes com a numeração das páginas seguidas; o primeiro até a página 152 e o segundo, de 153 a 323. A edição traz uma dedicatória do editor nestes termos: A Béthencourt da Silva/ Guilherme Bellegarde/ Quintino Bocaiuva/ a esta trindade ingente/ Pelo fino quilate da amizade/ Pelo entusiasmo patriótico/ Pelo extremado amor ao trabalho/ dedica/ o Editor. Exemplar na Biblioteca Nacional e na coleção Plínio Doyle, Rio de Janeiro.

s.d. — *Memórias de um sargento de milícias. M. A. de Almeida.* Editor Dias da Silva Júnior. Difere da edição de 1876 pela folha de rosto, que não tem assinalado no alto o título da coleção "Leituras Populares", traz a indicação: 2ª edição — e os tipos utilizados são de outras famílias. Exemplar na coleção Plínio Doyle, Rio de Janeiro.

s.d. (1899?) — *Memórias de um sargento de milícias. M. A. de Almeida.* Inexplicavelmente chamada "Segunda edição ilustrada". Incluída na "Coleção Brasileira" do editor-livreiro Domingos de Magalhães, rua do Lavradio, 126. Capa de Julião Machado. Ilustrações primárias, não assinadas. Exemplar na Biblioteca Nacional.

s.d. — *Memórias de um sargento de milícias. M. A. de Almeida.* É a mesma edição anterior, trazendo na folha de rosto após as indicações: Rio de Janeiro, Oficinas da Livraria Moderna, Domingos Magalhães, editor-proprietário, rua do

Lavradio, 126, as seguintes: Francisco Alves Editor, Rua do Ouvidor, 134, Rio de Janeiro, rua São Bento, 20, São Paulo. Consta do Catálogo da Biblioteca de Francisco Ramos Paz, 1920, Tipografia *O Imparcial*, Rio de Janeiro. Exemplar na Biblioteca Nacional.

1900 — *Memórias de um sargento de milícias. M. A. de Almeida.* Subtítulo "Romance de costumes brasileiros". Precedida de uma introdução literária por José Veríssimo. Rio de Janeiro, H. Garnier. Exemplar na Biblioteca Nacional.

1925 — *Memórias de um sargento de milícias. M. Almeida.* Subtítulo "Romance de costumes brasileiros". São Paulo, Companhia Gráfico-Editora Monteiro Lobato, 1925. Traz uma nota sem assinatura e a edição se diz "escoimada dos vícios de forma", o que é um absurdo. "... Além do desleixo natural do autor tiveram as *Memórias* contra si o *respeito* dos editores, apostados em conservar todas as máculas do estilo, com acrescentamento de numerosíssimas outras, filhas da revisão. E assim chegou até nós essa obra-prima: linda criatura coberta de frangalhos, cara suja, cabelos despenteados, unhas compridas... Nesta edição adotamos o processo inverso e as *Memórias* aparecem depuradas de todos os defeitos afeiantes. Os leitores que comparem os dois sistemas de mostrar respeito a uma obra já do domínio público, e julguem"... O escritor que pela primeira vez escreveu como se fala no Brasil teve a sua obra inteiramente deturpada, quase irreconhecível. Podemos dar aqui uns poucos exemplos do que foi "a escoimação dos vícios de forma": "Uma das quatro esquinas que formam as ruas do Ouvidor e da Quitanda" foi emendado para: "Uma das quatro esquinas que formam as ruas do Ouvidor *e*

Quitanda". "Chamava-se nesse tempo", foi emendado para: "Chamava-se *nessa época"*. "E bem lhe assentava o nome, porque era aí o lugar de encontro favorito de todos os indivíduos dessa classe que gozava então de não pequena consideração", foi emendado para: *"Bem* lhe assentava o nome, porque era *ali* o lugar de encontro de todos os indivíduos dessa classe que gozava de não pequena consideração." Os exemplos que deixamos consignados são os das primeiras vinte linhas. E todas essas barbaridades foram praticadas naturalmente com o conhecimento do escritor Monteiro Lobato. Não é à toa que o sr. Monteiro Lobato é autor de *A gramática de Emília.* Exemplar na Biblioteca Nacional.

1927 — *Memórias de um sargento de milícias. M. A. de Almeida.* Subtítulo "Romance de costumes brasileiros", Edição do *Jornal do Brasil*, do Rio de Janeiro, nº 7 do "Suplemento romântico", 1927. Exemplar na Biblioteca Nacional.

1937 — *Memórias de um sargento de milícias. M. A. de Almeida.* "Série Antigos e Modernos". Cultura Brasileira, 1937, São Paulo. Traz um prefácio de Haroldo Paranhos e diz ser "sétima edição", baseando-se não sabemos em quê. Exemplar na Biblioteca Nacional.

1939 — *Memórias de um sargento de milícias. Manuel Antônio de Almeida.* Publicadas em folhetins em *D. Casmurro,* Rio de Janeiro, nos seguintes números: 28 de janeiro de 1939, 4 de fevereiro, 18 de fevereiro, 4 de março, 11 de março, 18 de março, 25 de março, 1º de abril, 8 de abril, 15 de abril, 22 de abril, 29 de abril e 6 de maio. A publicação foi feita pela edição de Domingos de Magalhães, tendo sido reproduzidas todas as ilustrações da mesma.

1941 — *Memórias de um sargento de milícias. Manuel Antônio de Almeida*. Número I da coleção "Biblioteca de Literatura Brasileira". Livraria Martins, São Paulo, 1941. Capa de Wasth Rodrigues. Introdução de Mário de Andrade. Ilustrações de F. Acquarone. É a primeira edição que traz o nome do autor por extenso. Exemplar na Biblioteca Nacional.

1943 — *Memórias de um sargento de milícias. Manuel Antônio de Almeida*. Volume 22 da "Coleção Excelsior", Livraria Martins, São Paulo, 1943.

1944 — *Memórias de um sargento de milícias. Manuel Antônio de Almeida*. Edição feita para o Clube do Livro, de São Paulo, janeiro de 1944. O volume traz uma nota explicativa.

1944 — *Memórias de um sargento de milícias. Manuel Antônio de Almeida*. Editora Nosso Livro. Rio de Janeiro, 1944. Com um prefácio da editora, mas sabemos que escrito por Josué Montello. Exemplar na coleção Plínio Doyle, Rio de Janeiro.

1944 — *Memórias de um sargento de milícias. Manuel Antônio de Almeida*. Número 34 da "Biblioteca Popular Brasileira", Instituto Nacional do Livro. Edição revista pela de 1854. Com uma nota biobibliográfica de Marques Rebelo.

1944 — *Memórias de um sargento de milícias. Manuel Antônio de Almeida*. Em subtítulo: "Romance brasileiro". Edições Ultramar Limitada. Lisboa. Introdução de José Osório de Oliveira, capa de Neves e Souza.

1945 — *Memórias de um sargento de milícias. Manuel Antônio de Almeida*. Livraria Martins, São Paulo. Idêntica à edição de 1941 da mesma editora.

1949 — *Memórias de um sargento de milícias. Manuel Antônio de Almeida*. Irmãos Pongetti Editores. Número 59 da coleção "As 100 Obras-Primas da Literatura Universal". Rio de Janeiro.

1952 — *Memórias de um sargento de milícias. Manuel Antônio de Almeida*. Editora W. M. Jackson, volume XV da coleção "Grandes Romances Universais". Rio de Janeiro. Com prefácio.

1952 — *Memórias de um sargento de milícias. Manuel Antônio de Almeida*. Livraria Martins, São Paulo. Idêntica à edição de 1941 da mesma editora.

1954 — *Memórias de um sargento de milícias. M. A. de Almeida*. Edições Melhoramentos. Coleção "Ficção Nacional", nº 7. São Paulo. Prefácio de Jamil Almansur Haddad.

1954 — *Memórias de um sargento de milícias. Manuel Antônio de Almeida*. Dois volumes. "Os Cem Bibliófilos", Rio de Janeiro, 1954. Ilustrações de Darel Valença. Exemplar na Biblioteca Nacional.

1954 — *Memórias de um sargento de milícias. Manuel Antônio de Almeida*. Edição resumida por Raul Lima. Com ilustrações. Em *Coletânea,* nº 36, setembro, Rio de Janeiro.

1955 — *Memórias de um sargento de milícias. Manuel Antônio de Almeida*. Livraria Martins, São Paulo. Idêntica à edição de 1941 da mesma editora.

1957 — *Memórias de um sargento de milícias. Manuel Antônio de Almeida*. Edição Melhoramentos, São Paulo. Idêntica à edição de 1952 da mesma editora.

1957 — *Memórias de um sargento de milícias. Manuel Antônio de Almeida*. Edição Maravilha-Extra, nº 148. Em quadrinhos. Ilustrações de Marcelo Monteiro. Editora Brasil-América. Rio de Janeiro.

1959 — *Memórias de um sargento de milícias. Manuel Antônio de Almeida*. Coleção Saraiva, nº 77. São Paulo.

1959 — *Memórias de um sargento de milícias. Manuel Antônio de Almeida.* Irmãos Pongetti Editores. Rio de Janeiro. Prefácio de Marques Rebelo. Capa de José Maria.

s.d. (1960?) — *Memórias de um sargento de milícias. Manuel Antônio de Almeida.* Livraria Bertrand, Lisboa. Coleção "Obras-Primas da Língua Portuguesa". Introdução, cronologia e bibliografia de António Soares Amora. Dela se fez uma edição especial de 1.000 exemplares em papel alfa.

s.d. (1960?) — *Memórias de um sargento de milícias. Manuel Antônio de Almeida.* Livraria Bertrand, Lisboa. Coleção "Obras-Primas da Língua Portuguesa". O texto é incompleto e oferecido como "trechos escolhidos e comentados para uso escolar". Introdução, cronologia e bibliografia de António Soares Amora.

1960 — *Memórias de um sargento de milícias. M. A. de Almeida.* Edição Melhoramentos, São Paulo. Idêntica à edição de 1952 da mesma editora, sem designar a coleção "Ficção Nacional".

1962 — *Memórias de um sargento de milícias. M. A. de Almeida.* Edição Melhoramentos, São Paulo. Idêntica à edição de 1960 da mesma editora.

1962 — *Memórias de um sargento de milícias. Manuel Antônio de Almeida.* Coleção Jabuti, nº 42. Edição Saraiva, São Paulo.

1962 — *Memórias de um sargento de milícias. Manuel Antônio de Almeida.* "Nota prévia" de Darcy Damasceno explicando que a edição traz o seu texto fixado, edição porém popular, por ter entendido o Instituto Nacional do Livro, por conveniências editoriais, anteceder com ela a edição crítica das *Memórias.* Biblioteca Popular Brasileira — XIX. Instituto Nacional do Livro. Ministério da Educação e Cultura, Rio de Janeiro.

Traduções

Mémories d'un sergent de la milice. Manuel Antônio de Almeida.
Tradução para o francês e prefácio por Paulo Rónai. Coleção
"Les Maitres des Littératures Américaines". Atlantica Editora.
Rio de Janeiro, 1944.

Memorias de un sargento de milicias. Manuel Antônio de Almeida.
Tradução para o espanhol e prefácio por Francisco Ayala.
Argos. Buenos Aires, 1947.

Il sergente della milizie. Manuel Antônio de Almeida. Tradução para o
italiano por Cesare Rivelli. Fratelli Bocca, Milano-Roma, 1954.

Memoirs of a militia sergeant. Manuel Antônio de Almeida.
Tradução para o inglês por Linton L. Barrett. Revisão de
Henry Hare Carter. Introdução por William Rex Crawford.
Unesco Collection of Representatives Works, Latin American
Series. Organization of American States. Pan American
Union. Washington, D.C., 1959.

Pameti policejnhiho serzanta. Manuel Antônio de Almeida.
Tradução para o tcheco e prefácio por Zdeneck Hampejs.
Statni Nakladatelstvi Krasne Literatury, Hubdy a Umeni.
Praga, 1960.

Memórias de um sargento de miliícias. Manuel Antônio de Almeida.
Tradução para o servo-croata de Josip Tabak. Editora Znanje.
Zagreb, Iugoslávia, 1962.

Peças de teatro extraídas do romance

Memórias de um sargento de milícias. Em 1931, por ocasião do
centenário de nascimento de Manuel Antônio de Almeida,
foi anunciada uma opereta de Antônio Guimarães, teatrólogo

português há muitos anos domiciliado no Brasil, extraída do romance. A peça entrou em ensaios no Teatro João Caetano, mas por não apurado motivo não foi representada. (Informações devidas ao sr. Abadie Paria Rosa, diretor do Serviço Nacional de Teatro.)

Em 1956, foi representada no teatro da Maison de France, no Rio de Janeiro, a comédia extraída do romance por Francisco Pereira da Silva. Cenários e figurinos de Anísio Medeiros. Direção de João Bethencourt. Direção musical de Glória Maria da Fonseca Costa. Intérpretes: Padrinho — Magalhães Graça; Vizinha — Graça Moema; Comadre — Cirene Tostes; Leonardo — Diego Cristian; Dona Maria — Miriam Roth; Luizinha — Hilda Cândida; Freguês — Armando Costa; José Manuel — Allan Lima; Tomás da Sé — Edson Silva; Vidinha — Munira Haddad; I primo — José Jonas; II primo — Francisco Romão de Lima; Moça — Flávia Martino; Mãe de Vidinha — Regina Aragão; Vidigal — Labanca; Mucamas: Maria Celes, Aranha Negra, Carmen Branda; Escravos: Flávio Neves e Gilson; Granadeiros: Álvaro de Figueiredo, Armando Costa, Edson Silva, Flávio Neves, Gilson Ferreira. Contrarregra: Mário de Figueiredo. Assistente de direção: Allan Lima e Oswaldo Neiva. Eletricista: Antônio de Franciscis. Maquinista: Oracy Flores. Cenários executados por Fernando Pamplona. Figurinos executados por Stela Graça Mello. *Regisseur* do Teatro da Maison de France: Carlos Marchese.

Outras obras

Tese de doutoramento: *Sustentada perante a Faculdade de Medicina do Rio de Janeiro em 20 de dezembro de 1855 por Manuel Antônio de Almeida, doutor em medicina pela mesma Faculdade, natural do Rio de Janeiro e filho legítimo do tenente Antônio de Almeida*. Tipografia de M. Barreto, rua da Quitanda, 55, Rio de Janeiro, 1855. Exemplares na Biblioteca da Escola Nacional de Medicina e Biblioteca Nacional.

Dois amores — No original *Dous amores*. Drama lírico em três atos. Poesia (imitação do italiano de Piave) pelo dr. Manuel Antônio de Almeida, música da condessa Rafaela Rozwadowska. Rio de Janeiro, Tipografia e Livraria de B. X. Pinto de Souza, rua dos Ciganos, 43 e 45. 1861. Exemplar em perfeito estado na Biblioteca Nacional e um outro faltando folhas.

Colaboração na imprensa

Harpejos poéticos. Ou coleção de várias poesias modernas. Tipografia Francesa, à rua São José, 64, Rio de Janeiro, 1849. "A uma espanhola", em 3 de maio, e "O morrer da virgem", em 20 de junho. Há um exemplar na coleção do escritor Astrojildo Pereira, Rio de Janeiro.

"Páginas menores" — Seção que substituiu "A Pacotilha", no *Correio Mercantil*. Trazia em subtítulo "Revista". Publicou "A fisiologia da voz", em 9 de julho de 1854; "Amor de criança" — poesia — em 16 de julho; "O nome", em 30 de julho; "O riso", em 13 de agosto; "As flores e os perfumes" — lenda oriental — em 27 de agosto; "As muletas de Sixto V", em 3 de setembro; "Uma história triste", em 24 de setembro. Coleção completa do *Correio Mercantil* no Real Gabinete Português de Leitura, do Rio de Janeiro.

Revista Bibliográfica. No *Correio Mercantil*. Sobre o *Ensaio corográfico do Império do Brasil*, do dr. Melo Morais e Inácio Acioli, a 11 de dezembro de 1854, quando também faz a apresentação dessa "Revista"; sobre a *História da Turquia*, de Lamartine, a 4 de janeiro de 1855, sobre os *Exercícios poéticos*, de Muniz Barreto, a 4 de junho; sobre as *Inspirações do claustro*, de Junqueira Freire, a 18 de junho; sobre o segundo volume dos *Exercícios poéticos*, de Muniz Barreto, a 2 de março de 1856; a 20 de julho sobre *O comendador*, de Francisco Pinheiro Guimarães, sobre o *Livro do povo*, de Luís Antônio Navarro de Andrade, a 7 de outubro.

"Civilização dos indígenas". Nos "A pedidos" do *Jornal do Commercio*, de 12 de fevereiro de 1852.

Traduções do francês

Gondigar ou amor do cristão. Episódio do tempo das cruzadas, por Luís Friedel. Traduzido do francês assinando-se M. A. A. Na *Tribuna Católica*, do Rio de Janeiro, números 25, 26, 27, 29, 30, 31, 32, 34, 35, 36, 37, 38, 40, 41, 47 e 48, de 1852. Coleção completa na Biblioteca Nacional.

Brasil pitoresco. De Charles Ribeyrolles, com litografias de Vítor Frond. Tipografia Nacional, 1859. Traduzido do francês, por Francisco Ramos Paz, Remígio de Sena Pereira, Joaquim Maria Machado de Assis, Rinaldo Montoro e Manuel Antônio de Almeida. Há severas críticas à tradução, na qual não se sabe qual a parte que coube a Manuel Antônio de Almeida. Exemplar na Biblioteca Nacional.

O rei dos mendigos. Romance histórico por Paulo Feval. Traduzido para o português pelo dr. M. A. de Almeida. Tipografia do *Correio Mercantil,* rua da Quitanda, 55, Rio de Janeiro, 1860. Seis volumes. Exemplar na Coleção Adir Guimarães, Rio de Janeiro.

ESTUDOS PRINCIPAIS

Marques Rebelo. *Vida e obra de Manuel Antônio de Almeida,* Rio de Janeiro, Ministério da Educação e Saúde, Instituto Nacional do Livro, 1943. Com fac-símiles e bibliografia. Trazendo as seguintes palavras como prefácio:

"Da paixão literária pelas *Memórias de um sargento de milícias,* achado deslumbrante dos meus 17 anos no deserto nacional dos livros, deslumbramento que cresce dia a dia, deu-se de eu aceitar do ministro Gustavo Capanema a incumbência duma conferência sobre a vida de Manuel Antônio de Almeida, na série que o Ministério de Educação e Saúde patrocinou sobre 'Os nossos grandes mortos', e que foi realizada na Escola Nacional de Música, a 21 de setembro de 1937, com pouca gente e as melhores intenções.

"Se algumas pessoas se levantaram, incapazes de suportá-la até o fim, não há que condená-las. Era obra má e da insuficiência do tempo para compô-la, dois meses apenas — e tanta coisa para pesquisar! — as insuficiências da minha obra, principalmente, pois não podemos esquecer também a pouca destreza oratória do conferencista, que decepcionou os seus mais extremados amigos. E sempre do grande amor pelo morto a ideia de fazer um trabalho melhor. É o que trago, agora a lume, corrigido de seus erros mais grosseiros, enriquecido de minúcias para mim importantíssimas, acrescido duma série de páginas inéditas do escritor e do material fotográfico que me foi possível conseguir, enfim, uma vida que parece ter sido a infeliz vida de Manuel Antônio de Almeida.

"Ao terminá-lo, patenteou-se-me que ele deveria vir em função duma epígrafe, e não haveria outra melhor que certo verso de Carlos Drummond de Andrade, meu poeta e meu irmão."

_____. *Bibliografia de Manuel Antônio de Almeida,* Rio de Janeiro. Ministério da Educação e Saúde, Instituto Nacional do Livro, 1951. Com fac-símiles.

_____. *Vida e obra de Manuel Antônio de Almeida,* 2ª edição, revista e aumentada. Livraria Martins Editora. São Paulo. 1963.

Outros estudos

Agripino Grieco. *Evolução da prosa brasileira,* Ariel Editora, Rio de Janeiro, 1933.

Alfredo Pujol. *Machado de Assis,* José Olympio Editora, Rio de Janeiro, 1934.

Alves Cerqueira. "Literatura indígena — Manuel Antônio de Almeida", no *Jornal do Commercio,* do Rio de Janeiro, 25 de dezembro de 1927.

Antonio Candido. *Formação da literatura brasileira* — Livraria Martins Editora, São Paulo, 1959.

António Soares Amora. "Introdução, cronologia e bibliografia" na edição das *Memórias de um sargento de milícias,* da Livraria Bertrand, Lisboa, s.d. (1960?).

_____. *História da literatura brasilleira,* séculos XVI a XX. Edições Saraiva. São Paulo, 1958.

Astrojildo Pereira. "Romancistas da cidade", em *O romance brasileiro de 1753 a 1930*, Edições O Cruzeiro, Rio de Janeiro, 1952. Publicado anteriormente na *Revista do Brasil,* Rio de Janeiro, maio de 1941.

Augusto Emílio Zaluar. "Manuel Antônio de Almeida, apontamentos biográficos e críticos" em *O Guarani,* do Rio de Janeiro, nº 18, 19 e 20 de 1871. Reproduz, corrigida e aumentada, a biografia de Manuel Antônio de Almeida publicada no *Diário do Rio de Janeiro*. No nº 18, de 14 de maio de 1871, há uma litografia de Manuel Antônio de Almeida feita por Souza Lobo.

_____. "Manuel Antônio de Almeida" no *Diário do Rio de Janeiro,* de 5 e 7 de fevereiro de 1862.

Aurélio Buarque de Holanda. "Manuel Antônio de Almeida e seus editores". No *Correio da Manhã* de 14 de setembro de 1947.

Barão do Rio Branco. *Efemérides brasileiras,* Ministério das Relações Exteriores.

Bezerra de Freitas. *Forma e expressão do romance brasileiro.* Irmãos Pongetti Editores, Rio de Janeiro, 1947.

Darcy Damasceno. "Afetividade linguística nas *Memórias de um sargento de milícias*". Na *Revista Brasileira de Filologia* de dezembro de 1956, Rio de Janeiro, Livraria Acadêmica.

_____. "As *Memórias* de Manuel Antônio: uma aproximação estilística". No *Correio da Manhã* de 2 de dezembro de 1961.

_____. "Correspondência inédita de Manuel Antônio de Almeida". *Revista do Livro,* Instituto Nacional do Livro, Ministério da Educação e Cultura, nº 12, dezembro de 1958, Rio de Janeiro.

_____. "O elemento servil em Pena e Almeida". No *Correio da Manhã* de 31 de março de 1962.

_____. "O naufrágio dos potes. Sincretismo e transmissão". No *Correio da Manhã* de 17 de fevereiro de 1902.

Eduardo Frieiro. "Do Lazarillo de Tormes ao Filho de Leonardo Pataca". *Kriterion,* Belo Horizonte, n°s 27 e 28 de 1954.

Eugênio Gomes. "Manuel Antônio de Almeida", em *Aspectos do romance brasileiro,* Livraria Progresso Editora, Bahia, 1958.

Felix Ferreira. *Ideia,* Rio de Janeiro, n°s 1 e 2 de 1869. "Manuel Antônio de Almeida", acompanhado de uma litografia do romancista sem assinatura do artista.

Francisco Ayala. "Un clásico de la literatura brasileña". *La Nación,* Buenos Aires, 14 de junho de 1946.

_____. Prefácio à tradução espanhola das *Memórias de um sargento de milícias,* Buenos Aires, 1947.

Francisco Joaquim Béthencourt da Silva. *Dispersos e bosquejos literários,* Papelaria Ribeiro, Rio de Janeiro, 1901. Com um estudo de Múcio Teixeira, que fala em Manuel Antônio de Almeida. Traz com alguns aumentos a "Introdução literária", que consta da quarta edição das *Memórias de um sargento de milícias.*

Francisco Otaviano. *Correio Mercantil* de 5 de dezembro de 1861. Rio de Janeiro.

Haroldo Paranhos. "A segunda geração romântica e as *Memórias de um sargento de milícias*". Introdução à edição das *Memórias de um sargento de milícias,* da Cultura Brasileira, 1937.

Heitor Muniz. "Manuel Antônio de Almeida", em *Vultos da literatura brasileira,* Editora Marisa, Rio de Janeiro, 1933.

Henrique Perdigão. *Dicionário universal de literatura,* biobibliográfico e cronológico. 2ª edição ilustrada. Edições Lopes da Silva, Porto, 1940.

Hermeto de Lima. "Centenário de Manuel Antônio de Almeida", em *Jornal do Brasil,* de 11 de novembro de 1931.

Inocêncio da Silva. *Dicionário bibliográfico português,* Imprensa Nacional, Lisboa, 1858-1923.

J. Galante de Souza. *Bibliografia de Machado de Assis,* Instituto Nacional do Livro, Ministério da Educação e Cultura, 1955.

————. *O teatro no Brasil,* Instituto Nacional do Livro, Ministério da Educação e Cultura, 1960.

Jack H. Parker. "Manuel Antônio de Almeida, Balzac brasileiro", em *La cultura y la literatura ibero-americanas,* memória do Sétimo Congresso do Instituto Internacional de Literatura Ibero-americana, Berkeley, Califórnia, 1955. Ediciones de Andrea — México, D. F. 1957.

Jamil Almansur Haddad. "Prefácio" à edição das *Memórias de um sargento de milícias,* da Melhoramentos, 1954.

João Ribeiro. "Manuel Antônio de Almeida", no *Jornal do Brasil* de 17 de novembro de 1931.

Joaquim Manuel de Macedo. *Ano biográfico brasileiro de 1876,* Tipografia e Litografia do Imperial Instituto Artístico. Rio de Janeiro.

José Osório de Oliveira. "O autor deste livro", na edição das *Memórias de um sargento de milícias,* da Ultramar, Lisboa, 1944.

————. *História breve da literatura brasileira,* Edição Inquérito, Lisboa, 1939. Idem, nova edição, revista e aumentada, Livraria Martins Editora, São Paulo, s/d.

José Veríssimo. "Introdução" à edição das *Memórias de um sargento de milícias*. Garnier, 1900. Publicada anteriormente em *Estudos brasileiros,* volume II, Rio de Janeiro, Laemmert, 1894.

_____. *História da literatura brasileira,* Livraria Francisco Alves, Rio de Janeiro, 1929.

José Vieira. "Manuel Antônio de Almeida", em O *Mundo Literário,* Rio de Janeiro, 5 de fevereiro de 1925; e *Jornal do Commercio,* Rio de Janeiro, 17 de novembro de 1931.

Josué Montello. "Um precursor — Manuel Antônio de Almeida", em *Literatura no Brasil,* volume II, Rio de Janeiro, Editorial Sul-Americana, 1955.

_____. *História da vida literária,* Nosso Livro Editora, Rio de Janeiro, 1944.

Luís Filipe Vieira Souto. "Manuel Antônio de Almeida, vida, obra e bibliografia". Publicada nos *Arquivos da Academia Carioca de Letras,* da qual Manuel Antônio de Almeida é um dos patronos — poltrona número 13.

_____. Conferência realizada no Instituto Histórico e Geográfico Brasileiro, em 11 de novembro de 1931, na sessão comemorativa do centenário do nascimento de Manuel Antônio de Almeida. Publicada pelo Instituto Histórico e Geográfico Brasileiro no volume *Dois românticos brasileiros,* 1931. Publicada no *Jornal do Commercio,* do Rio de Janeiro, em 15 de novembro de 1931.

Luís Heitor Correia de Azevedo. *Relação das óperas de autores brasileiros,* Ministério de Educação e Saúde, Rio de Janeiro, 1938.

Machado de Assis. *O Futuro* de 15 de fevereiro de 1863. Incluído em *Crônicas,* I volume — (1859-1863). W. M. Jackson Inc. Editores. Rio de Janeiro, 1944.

Manuel Antônio Major. "Perfis literários". O *Guarani,* do Rio de Janeiro, de 8 de janeiro de 1871.

Manuel Bandeira. *Noções da história da literatura,* Cia. Editora Nacional, São Paulo, 1942.

Mário de Andrade. "Introdução" à edição das *Memórias de um sargento de milícias,* da Livraria Martins, 1941. Vem incluída em *Aspectos da literatura brasileira,* Amerie Editora, Rio de Janeiro, 1943.

Marques Rebelo. "O autor e o livro", na edição das *Memórias de um sargento de milícias,* Pongetti, 1959.

_____. Nota biobibliográfica à edição das *Memórias de um sargento de milícias,* do Instituto Nacional do Livro, 1944.

Moreira de Azevedo. *Apontamentos históricos,* Edição Garnier, Rio de Janeiro, 1881.

Mucio Leão. Organização do número especial de "Autores e livros" sobre Manuel Antônio de Almeida. Em *A Manhã,* de 21 de março de 1943.

Nelson Werneck Sodré. *História da literatura brasileira, seus fundamentos econômicos.* José Olympio, Rio de Janeiro, 1960.

Noronha Santos. Meios de transportes no Rio de Janeiro, Tipografia do Jornal do Commercio, Rio de Janeiro, 1934.

Olívio Montenegro. *O romance brasileiro,* segunda edição revista. José Olympio, Rio de Janeiro, 1953.

Otto Maria Carpeaux. *Pequena bibliografia crítica da literatura brasileira,* Serviço de Documentação, Ministério da Educação e Cultura, Rio de Janeiro, 1955.

P.A. Jannini. *Le più belle pagine della letteratura brasiliana,* na coleção "Pagine delle Letterature di tutto il mondo", Nuova Accademia Editrice, Milão, 1957.

_____. *Storia della letteratura brasiliana,* na coleção "Storia delle Letteratura di Tutto il Mondo", Nuova Accademia Editrice, Milão, 1959.

Paulo Rónai. Prefácio à tradução francesa das *Memórias de um sargento de milícias,* resumido em *Encontros com o Brasil,* Instituto Nacional do Livro, Ministério da Educação e Cultura, Rio de Janeiro, 1958.

Phocion Serpa. "Manuel Antônio de Almeida", na *Revista Ibero-Americana,* tomo IX, nº 18, maio de 1945.

Prudente de Morais Neto. O *romance brasileiro,* Serviço de Cooperação Intelectual, Ministério das Relações Exteriores, nº 3, 1939.

Raymond S. Sayers. *The Negro in Brazilian Literature,* Columbia University Hispanic Institute in The United States. Nova York, 1956. Traduzido no Brasil pelas Edições O Cruzeiro, por Antônio Houaiss, Rio de Janeiro, 1958, sob o título *O negro na literatura brasileira.*

Renato Almeida. *História da música brasileira,* 2ª edição, correta e aumentada. Briguet Editor. Rio de Janeiro, 1942.

Roberto Macedo. *Efemérides cariocas,* Rio de Janeiro, Cia. Brasileira de Artes Gráficas, 1943.

Ronald de Carvalho. *Pequena história da literatura brasileira,* Edição Briguet, Rio de Janeiro, 1922.

Sacramento Blake. *Dicionário bibliográfico brasileiro,* Imprensa Nacional, Rio de Janeiro, 1883-1902.

Samuel Putnan. *Marvelous Journay,* "Four Centuries of Brazilian Literature". Knopf, Nova York, 1948.

Sílvio Romero e João Ribeiro. *Compêndio de história de literatura brasileira,* Livraria Francisco Alves, Rio de Janeiro, 1909.

Sílvio Romero. *História da literatura brasileira,* Livraria José Olympio, Rio de Janeiro, 1943.

Victor Orban. *Littérature Brésilienne,* Garnier Frères, Paris, s/d.

_____. *Poésie Brésilienne,* Garnier Frères, Paris, 1922.

William Rex Crawford. "Introduction" à tradução inglesa das *Memórias de um sargento de milícias.* Pan American Union, Washington, 1959.

Xavier Marques. Conferência lida, na impossibilidade do autor, por Augusto de Lima, na sessão da Academia Brasileira de Letras, a 12 de novembro de 1931, comemorativa do centenário de nascimento de Manuel Antônio de Almeida Publicada no nº 120 da *Revista da Academia Brasileira de Letras.* Publicada no *Correio da Manhã,* do Rio de Janeiro, a 17 de novembro de 1931. Incluída em *Letras Acadêmicas,* Renascença Editora, Rio de Janeiro, 1936, volume no qual se encontra também o trecho, referente a Manuel Antônio de Almeida, do seu discurso de posse na Academia Brasileira de Letras.

_____. Discurso de posse na Academia Brasileira de Letras. Em *Discursos acadêmicos,* 5ª série, 1920-1923. Civilização Brasileira Editora, Rio de Janeiro, 1936.

Zdeneck Hampejs. Prefácio à tradução tcheca das *Memórias de um sargento de milícias.* Praga 1960.

Títulos da Coleção
Sabor Literário

1. *Sobre arte, sobre poesia*, de Ferreira Gullar
2. *Caminhando*, de H. D. Thoreau, com apresentação de Roberto Muggiati
3. *Diário de uma viagem da baía de Botafogo à cidade de São Paulo*, de William Henry May, com prefácio de José Mindlin e apresentação de Jean Marcel Carvalho França
4. *Cartas de viagem e outras crônicas*, de Campos de Carvalho, com apresentação de Antonio Prata
5. *Cenas londrinas*, de Virginia Woolf, com apresentação de Ivo Barroso
6. *Censura e outros problemas dos escritores latino-americanos*, de Antonio Callado, com apresentação de Villas-Bôas Corrêa
7. *Vinte dias com Julian e Coelhinho, por papai*, de Nathaniel Hawthorne, com apresentação de Paul Auster
8. *As religiões no Rio*, de João do Rio, com apresentação de João Carlos Rodrigues
9. *Harpo fala... de Nova York*, de Harpo Marx, com apresentação de E. L. Doctorow
10. *O banqueiro anarquista*, de Fernando Pessoa, com apresentação de Francisco Maciel Silveira
11. *FUP*, de Jim Dodge, com apresentação de Marçal Aquino
12. *Parque industrial*, de Patricia Galvão (Pagu) como Mara Lobo, com apresentação de Geraldo Galvão Ferraz
13. *Poemas*, de Konstantinos Kaváfis, com apresentação de José Paulo Paes

14. *Queijo*, de Willem Elsschot, com apresentação de Marcelino Freire
15. *Alguns poemas traduzidos*, de Manuel Bandeira, com apresentação de Leonardo Fróes
16. *Máximas e pensamentos*, de Chamfort, com organização e apresentação de Cláudio Figueiredo
17. *Paris França*, de Gertrude Stein, com apresentação de Inês Cardoso
18. *Bartleby, o escrivão*, de Hermann Melville, com apresentação de Jorge Luis Borges
19. *O mundo do sexo*, de Henry Miller, com apresentação de Otto Maria Carpeaux
20. *O real e seu duplo*, de Clément Rosset, com apresentação de José Thomaz Brum
21. *Mulheres viajantes no Brasil (1764-1820)*, de Jemima Kindersley, Elizabeth Macquarie e Rose Freycinet, com organização e apresentação de Jean Marcel Carvalho França
22. *O ideal do crítico*, de Machado de Assis, com organização e apresentação de Miguel Sanches Neto
23. *Seis contos escolhidos e comentados por José Mindlin*, de Machado de Assis, com apresentação de Manuel da Costa Pinto
24. *Você nunca chegará a nada*, de Juan Benet, com apresentação de Bella Jozef
25. *Hollywood: A meca do cinema*, de Blaise Cendrars, com apresentação de Affonso Romano de Sant'Anna
26. *Vida e morte da Antropofagia*, de Raul Bopp, com apresentação de Régis Bonvicino
27. *Desabrigo e outras narrativas*, de Antônio Fraga, com organização e apresentação de Maria Célia Barbosa Reis da Silva

28. *Sede do mal*, de Gore Vidal, com apresentação de Marcos Soares
29. *Feia de rosto*, de Arthur Miller, com apresentação de Roberto Muggiati
30. *Sobre os escritores*, de Elias Canetti, com apresentação de Ivo Barroso
31. *As pequenas raposas*, de Lillian Hellman, com apresentação de Maria Sílvia Betti
32. *Corrida selvagem.* de J. G. Ballard, com apresentação de Antonio Gonçalves Filho
33. *A infância do mago*, de Hermann Hesse, com apresentação de Samuel Titan Jr.
34. *Se eu morrer, telefone para o céu*, de José Cândido de Carvalho, com apresentação de Arlete Parrilha Sendra
35. *Vale do Paraíba: velhas fazendas*, de Sérgio Buarque de Hollanda, com apresentação de Jean Marcel Carvalho França e Antônio Celso Ferreira
36. *Curso de filosofia em seis horas e quinze minutos*, de Witold Gombrowicz, com apresentação de Francesco M. Cataluccio
37. *Movimentos Modernistas no Brasil*, de Raul Bopp, com apresentação de Gilberto Mendonça Teles
38. *Num reino à beira do rio*, de Rachel Jardim, com apresentação de Pinho Neves

Este livro foi impresso nas oficinas da
Distribuidora Record de Serviços de Imprensa S.A.
Rua Argentina, 171 – Rio de Janeiro, RJ
para a Editora José Olympio Ltda.
em maio de 2012

80º aniversário desta Casa de livros, fundada em 29.11.1931